早期印度佛教的知識論

吳汝鈞
陳森田 　著

臺灣 學ﾟ書局 印行

序

　　關於這本《早期印度佛教的知識論》的撰寫，說來話長。大約在一九九五年春，我還在香港浸會大學教書，一日接到副校長曾憲博教授的電話，提議我向香港各大學的研究撥款委員會（Research Grant Committee, RGC）提交一份研究經費申請書，申請一筆較大的款項，作一種密集式的研究，這筆經費主要是用來聘請研究助理和到國外蒐集研究資料、參與有關的國際研討會用的。此中一個重要原因是浸大在這方面跟其他大學比較，稍為落後，他估計我的申請會獲得通過，提高浸大方面的士氣。我當時正忙著做別的研究，因此不是很熱心、很積極進行申請，我根本沒有提交申請案。一年之後他問我為甚麼還未申請，這麼被他一催，我便不好意思疏懶了。他於是著他的秘書把所有的有關文件交給我，其中包括申請表格。我便積極申請，表示要以兩年時間（1997 年 9 月至 1999 年 8 月）研究佛教的知識論，第一期以有漢譯的文獻為主，包括《瑜伽師地論》、《觀所緣緣論》、《成唯識論》等論書的知識論思想。第二期則處理印度佛教中、後期的知識論，並集中在陳那（Dignāga）、法稱（Dharmakīrti）和脫作護（Mokṣākaragupta）方面。結果申請通過了，我便有足夠經費請研究助理和兩度到日本去蒐集資料，並有機會與分別是陳那、法稱知識論研究的專家服部正明和戶崎宏正討論和長談。但在時間方面，則完全失了預算。兩年的時間，怎能

做這麼多研究呢？而且中間我自己又發現患上腮腺癌，要做手術和進行電療，到了中央研究院後又甫遇上車禍，大大影響研究的進度。十六年之後才能完成這部《早期印度佛教的知識論》。

關於這部書的撰寫，我請陳森田先生一同進行。森田君熟諳印度佛教的漢譯文獻，又擅長對這些文獻進行哲學解讀，是理想的人選。我先選定印度大小乘佛教的文獻包括《雜阿含經》、《放光般若經》、《解深密經》、《阿毘達磨大毘婆沙論》、《俱舍論》、《成實論》、《瑜伽師地論》、《辯中邊論》、《觀所緣緣論》和《成唯識論》等十部文獻，劃定範圍，讓森田君先行做解讀，完成初稿，然後我把全部細看一遍，加上修正、提示與補充，便成為定稿。然後我把全部看一遍才放心印行流通。

要指出的是，我們通常說「佛教邏輯」（Buddhist logic），除了講邏輯（因明學）外，還講知識論。兩者分別從比量（anumāna）和現量（pratyakṣa）開拓出來。比量是推理機能（日本人喜以「手段」來說機能），現量則是認識機能。這兩種機能分別發展出西方哲學意義的 logic（Logik）與 epistemology（Theorie der Erkenntnis）。佛教的知識論，從初期的《阿含》文獻以及於世親的唯識學，甚至到了安慧與護法，都有講求，內容相當多元，主要是講前五感識與第六意識等機能所發展出來的知識思想。至於第七末那識（mano-vijñāna）與第八阿賴耶識（ālaya-vijñāna），則不涉及知識的問題，而是潛意識的事了。但佛教的知識哲學，到了中、後期的陳那、法稱和脫作護，便有飛躍的發展，其知識論的成就，足以與西方的康德（I. Kant）的相提並論，雙方也有深廣的對話空間。但若沒有早期的成績，則也沒有中、後期的果實，故我們也不能不重視這初期的發展。

　　通觀佛教知識論在這一段時期的發展軌迹，很明顯地是由實在主義的知識論轉向觀念論的知識論。這主要是由《阿毘達磨大毘婆沙論》與《俱舍論》所代表的說一切有部與經量部的流行與影響與大乘佛教的發展所致。前者基本上認為現象界的種種事物都有一定程度的實在性，特別是有部的論師立「三世實有，法體恆有」的觀點，又強調在現象背後的外界實在性。經量部附從之，在一定程度上肯認外界實在性。《成實論》則是一部過渡的文獻，由小乘佛教過渡到大乘佛教，但仍有相當強烈的實在論的思想傾向，到大乘佛教出，最先成立的般若思想不很強調存在方面的問題，而把關心的焦點放在一切法空的空性（śūnyatā）上。到了唯識學，由於其義理重點為緣起，重視一切法的生成與變化，這變化便關連到知識論的問題。但由於唯識學是觀念論的立場，強調境不離識，一切事物都是由心識所變現，並無所謂外界實在。因此它的知識論只在心識或現象的層面說，在終極真理或轉識成智後所達致的境界，則很難說知識論，或智的知識論。到了陳那與法稱，由於對心識的焦點的研究與開拓，由末那識與阿賴耶識轉移到前五感識和第六意識方面去，而相應地重視作為感識的現量（pratyakṣa）與作為推理的比量（anumāna），由現量開出知識論，由比量則開出邏輯或因明學。法稱更強調一切形象或相都是由心識所變現，在認知活動中我們認知形象與相，實際上是知識或心識的自己認識（svasaṃvedana）。知識論的研究，在當時堪稱顯學，但佛教內部已開始衰退，活力不足，外面則有婆羅門教復興的壓力，知識論的發展也就隨著佛教的衰亡而停頓了。這是非常可惜的。

　　另外，由於印度佛教在建立之初，特別是經由釋迦牟尼、原始佛教到有部、經量部的階段，在思想（也包括知識問題在內）發展

方面比較複雜，我分別在《雜阿含經》與《阿毘達磨大毘婆沙論》的解讀之後，寫了兩篇〈特別說明〉，點出有關時期的發展軌迹。另外，我又寫了一篇通論性質的〈早期印度佛教的知識論〉作為全書的第一章，請讀者垂注。

　　最後，佛教知識論的研究，在西方和日本都相當流行，特別是列寧格勒學派和維也納學派表現出顯著的研究成果。但在漢語學界，則少有人問津。這本書可能是在有關方面的首次研究了。由於筆者學力所限，不足之處在所難免，希望讀者諒解和雅正。另外，由於每章都列有參考用書，為免重複，總的參考書目便不列了。

　　是為序。

吳汝鈞

2013 年 4 月

於南港中央研究院

早期印度佛教的知識論

目　次

第一章
早期印度佛教的知識論

一、佛教知識論的一般性格

　　知識論是研究知識的本質或特性的學問。即是，我們如何對外界和自我建立一種客觀而有效的知識，俾能讓自己能夠利用周圍的資源，讓生活變得更好。佛教是一種宗教，它的核心問題或終極關懷是如何處理人生的負面如罪、苦、死等問題，讓自己能夠從一切苦痛煩惱解放出來，而達致一種諧和的、超越的生命境界，擺脫生死輪迴之苦。另外又要普渡眾生，讓一切有情眾生都和自己一樣，獲致永恆的精神世界。依於此，佛教最重視的，是對於我們生命中的苦痛煩惱，有徹底的體驗，經過修行實踐，俾能從苦痛煩惱解放出來，不生起種種執著，摧破一切顛倒見解，而遠離煩惱，讓生命臻於永恆。因此，佛教最初所關心的，不是對於存在世界的認識，而是如何解放自我。知識對佛教來說，不是最關鍵的問題，因而知識論也未有受到足夠的關心與注意。起碼在早期和中期是如此。直到中期的陳那（Dignāga）和後期的法稱（Dharmakīrti）和脫作護（Mokṣākaragupta）等人出，佛教內部起了轉化，又受到外面的哲

學與宗教的激發，才積極留意知識和知識論的問題，建立比較有規模和完整的知識論，可與西方哲學的康德知識論相比美。

　　早期的佛教的知識論，集中在對前五感識和第六意識方面，其中分根、境、識三個部分。根（indriya）指認識器官；境指認識對象；識則指認識機能，主要借助認識器官去進行認識活動。作為認識機能的識，特別是第六的意識，分外重要。它一方面與感識一齊生起，以認識事物的普遍性格，同時也有記憶、推理、思考的能力，構成具有知識論意義的命題。早期的佛教知識論，大體上是關心這方面的認識。不過，它的認識論，除了具有知識論亦即認識對象和概念外，也有很濃厚的執著作用，這即是情執，或虛妄執著，執取本性是依他起、依待其他因素而生起，因而視沒有獨立的實在性的對象為具有實在性、自性（svabhāva），因而產生種種顛倒的行為，讓自己困在生死苦海中打滾，為種種苦痛煩惱糾纏，而不得出離，輪轉下去。

　　以下我們看一下佛教的分期問題。日本學者梶山雄一分為早期、中期與後期。早期以《正理經》（*Nyāya-sūtra*）至龍樹（Nāgārjuna）、提婆（Āryadeva）和《方便心論》（*Upāyahṛdaya-śāstra*）[1]為止；中期則有無著（Asaṅga）、世親（Vasubandhu）和陳那（Dignāga）；法稱（Dharmakīrti）及其後則為後期。[2]我在這裏則只分為前期和後期，也不限於大乘佛教，而是就整個佛教而言。由釋迦牟尼

---

[1]　《方便心論》以現見（pratyakṣa）、比知（anumāna）、喻知（upamāna）和隨經書（śabda）為四種認知機能。

[2]　梶山雄一著〈佛教知識論の形成〉，平川彰、梶山雄一、高崎直道編集《講座大乘佛教 9：認識論と論理學》（東京：春秋社，1984），頁3。

（Śākyamuni）經原始佛教、說一切有部到般若思想、《維摩經》
（*Vimalakīrtinirdeśa-sūtra*）等為前期或早期，陳那、法稱及其後為
後期或晚期，包括法上（Dharmottara）、寶稱（Ratnakīrti）、智藏
（Jñānagarbha）、寂護（Śāntarakṣita）、蓮華戒（Kamalaśīla）、寶
作寂（Ratnākaraśānti）、智勝友（Jñānaśrīmitra）、寂天（Śāntideva）、
師 子 賢 （ Haribhadra ）、 智 作 慧 （ Prajñākaramati ）、 智 作 護
（ Prajñākaragupta ）、 脫 作 護 （ Mokṣākaragupta ）、 帝 釋 覺
（Devendrabuddhi）等，人數很多。

二、兩種知識論

　　日本學者三枝充惪提出，真理可分為兩種：「永恆的相之下的」
（sub specie aeternitatis）真理與「時間的相之下的」（sub specie
tempotis）真理。而相應於這兩種真理，有兩種知識論：「永恆的相
之下的」知識論與「時間的相之下的」知識論。前者是宗教的知識
論，後者則是哲學的知識論。[3]宗教的知識論可鬆散地相應於熊十力
的性智，出自於本心，哲學的知識論則相應於熊十力的量智，出自
於習心。我們也可以說，宗教的知識論歸於第一義諦或勝義諦
（paramārtha-satya），哲學的知識論則歸於世俗諦（saṃvṛti-satya）。
就主客的關係來說，三枝表示哲學的知識論強調主觀與客觀的對等
的、平列的關係，成立於主觀（主體）對對象的認識；宗教的知識
論則強調主觀與客觀的垂直的關係，主觀並不是對等地「認識」客

---

[3]　三枝充惪著〈初期大乘佛教の認識論〉，三枝充惪編集《講座佛教思
　　想第二卷：認識論、論理學》（東京：理想社，1974），頁 61。

觀，而是把客觀吸攝過來，而成為一體。

　　三枝又引述日本近現代哲學家高橋里美的說法，表示認識的本來意義是理論的認識，這偏向狹義的認識，而廣義的認識，則除包含這理論的認識外，還包含藝術的認識、實踐的認識和宗教的認識。就所指向的目標來說，理論的認識向思維特別是直覺傾斜；藝術的認識向直覺特別是感情傾斜；實踐的認識則向意志與行為傾斜；宗教的認識則展示一種絕對的大愛。[4]高橋的這種說法，明顯地是參考康德的思維而來的。康德的第一批判講理論理性的成就，亦即是知識；第二批判講實踐理性的成就，亦即是道德；第三批判講構想力的成就，亦即是藝術與宗教。就世界觀（Weltanschauung）來說，理論的認識是要建立主知主義的世界觀；實踐的認識是要建立道德主義的世界觀；藝術的認識與宗教的認識則分別建立唯美主義的世界觀與宗教的世界觀。不過，高橋提到在哲學的認識中，認識的真理性有主觀與客觀一致的意味，即是一向認為真理是「知性與事物的相當性、一致性」（adaequatio intelectus et rei），則易引起誤解。按哲學的認識相應於理論理性的認識，或知性的認識，在這種認識活動中，知性或主體認識對象或客體，是在時間與空間中進行的，同時，知性以自具的範疇（Kategorie）整理對象方面的雜多，是在一種界線非常清晰的關係中進行的，無論如何不能說「一致」或「一體」。只有道德的、藝術的與宗教的認識才能說一致性、一體性。即是說，在哲學的認識中，主觀或主體與客觀或客體是分得很清楚的，主體是能知，客體是所知，此中有一明顯的主客關係在裏面。認識活動由開始到完結，這種主客關係都是持續著，而不會消失的。

4　同上文，頁 59-60。

而一致或一體，絕對不可能在認知活動中出現的，知識便是在這種
主客關係中成立的。這種知識，自然是科學知識，或是世俗諦的知
識。在這種知識的成立的活動中，心靈是恆常地維持著一種主觀的、
主體的狀態，斷然不能與客觀的對象成就一致、一體的關係。

三、宗教的知識論

　　上面說哲學的知識論或世俗諦不能有主客之間的一致、一體的
關係。這種關係是存在於宗教的知識論中的。三枝表示，在宗教的
知識論中，主觀捕取（他用「とらえる」字眼）客觀，正是主觀捕
取宗教的真理。在這種情況下，主觀與客觀成為一致，即是主觀與
宗教的真理成為一致。[5]在這裏，三枝又提出「宗教的真理」一語詞。
他說在宗教的知識論中，主觀捕取客觀，正是主觀捕取宗教的真理。
主觀與客觀成為一致，即是主觀與宗教的真理成為一致。[6]在這裏，
我們要聚焦在所謂「宗教的真理」一觀念，究竟何所指。按宗教的
真理應是終極的真理，它應具有超越性、絕對性，是一切萬物的根
源，或萬物的本質。這在佛教來說，應是空（śūnyatā）、緣起
（pratītyasamutpāda）、中道（madhyamā pratipad），甚至是真如
（tathatā）；能獲致這真理，即證得覺悟、解脫，而處於涅槃（nirvāṇa）
的精神境界。在其他宗教來說，基督教名之為全知、全善、全能；
印度教名之為梵；儒家名之為天理、天道、良知；道家名之為道、
無為、自然。全都是終極義的真理。倘若能夠證成這終極真理，便

5　同上文，頁61。
6　同上。

能成為真正的基督徒、與梵瞑合、成為聖賢、真人、至人、神人。
這些人格都是永恆的、絕對的，而且有其常住性，不可能是生滅法。
而能夠達致這種境界的人，應該是契入終極真理之中，與終極真理
瞑合為一，而無有分別性。這才是一致、一體的意味。即與終極真
理具有一致、一體的關係。

　　印度學者查雅提離卡（K. N. Jayatilleke）在他的名著《早期佛
教的知識論》（*Early Buddhist Theory of Knowledge*）中，表示《阿
含》（*Nikāyas*）對真理的說法是，真理的標準在於一致性和與事實
相應，而且真理只有一種，不能有兩種。[7]真理只一不二，肯定是絕
對的、終極的真理。而這所謂一致性，應該不是經驗的一致性，而
是超越的一致性。只有這種一致性才有普遍性可言。就這一點說下
來，這真理應是第一義諦或勝義諦層面，而不是世俗諦層面。在與
此點的關連下，三枝充惪提出，在初期大乘佛教的經典中，要深入
窺探其知識論，其中即此即有覺悟溢流出來。這是宗教的知識論。
在這種知識論中，覺悟的內容即是真理。眾生可以即在經中認取這
種真理。[8]這很明顯地展示出，真理要在宗教的知識論中認取，亦即
是要在實踐的活動中認取，光是看書，探究概念與理論是不行的。

　　依於此，三枝順理成章地表示，覺悟並不是純然的知性的產物，
它有極強的實踐性，實踐是一切的出發點。最初要發菩提心，或者
作出誓願，反省覺悟的歷程，這是漸進的，其中有不同的階段（地

7　K. N. Jayatilleke, *Early Buddhist Theory of Knowledge*. Delhi: Motilal
　　Banarsidass, 1980, p.334.

8　三枝充惪著〈初期大乘佛教の認識論〉，頁 66-67。

bhūmi）要經歷，如要通過十地才能得到覺悟。[9]由這裏可以看到，要達致覺悟的目標，得需要藉著漸進的工夫實踐才行。這是實踐的、宗教的知識論所優為的，理論的講習並未有充足的作用。

至於經典方面，三枝認為《維摩經》很能表白宗教的知識論。在這本經典性的文獻中，一天維摩示疾，佛祖釋迦牟尼即派遣多位菩薩前往問疾，並由以智慧著稱的文殊師利（Mañjuśrī）率領，各各向維摩大居士報告入不二法門的方法，都是透過雙非或雙邊否定的方式，對一切相對的概念的同時否定以臻於絕對不二的覺悟境界，如生與滅、我與我所、受與不受、垢與淨等等都同時否定。最後由文殊師利作總結，以無言無說，無示無識，離諸問答，以展示入不二法門之道。最後文殊師利禮請維摩居士示現入不二法門之方，維摩便端坐在那裏，默然無言。文殊於是讚歎不已，以為維摩居士能坐言起行，超越、克服一切語言文字，一切無言以對，才是真入不二法門之道。

四、佛教以前的知識思想和雙方的分別

由默然無言轉到意義和知識這些題裁上，查雅提離卡指出《阿含》（Nikāya）對語言與語句的本性有確定的說法。這要從印度的語言哲學說起。在表述的基本單位一點上，有兩種說法。其一認為，陳述（vākya）或命題是根本的，另一則以為詞彙（pada）是根本的。就命題來說，陳述論者（vākya-vādin）認為命題是不能被分割的；詞彙論者（pada-vādin）則認為命題是可以被分割的。在這一點上，

9　同上文，頁 66。

《論事》（*Kathā-vatthu*）與《阿含》同支持前者的意見。[10]

　　從陳述論者或詞彙論者，我們會想到所指涉的主體或自我。查氏即指出，我們總是以「我」一字眼來指涉我們自己，這似乎意指一個存有論的主體的存在性。在《奧義書》（*Upaniṣad*）中，有 "eso ahaṃ asmi"（這即是我）這一語句，此中的 "ahaṃ" 無疑是指一個人格性的自我，它是一實體性的質體，被視為居於身體之中。但佛教認為，我們找不到一個常住的實體性的質體與「我」或「靈魂」相應。[11]按這正是原始佛教所提出的無我（anātman）思想。自我不存在，一切自性的東西都不存在。

　　由這點我們轉到字詞和它的對象的關係問題。在這個問題上，彌曼差派（Mīmāṃsā）認為字詞和對象有一永恆的、密切的關係。《奧義書》則認為，世界中的事物都是由一個三合體所組成：每一物體都有它的獨特的名字（nāma）、形相（rūpa）和作用（karma）。名字與形相都是真實的（nāmarūpa-satyam），梵天（Brahmā）在創造世界時，對於每一物體，都賦予它自身的名字與形相。物體即使毀滅，但名字不會毀滅；名字是永恆的（anantaṃ vai nāma）。佛教則在這方面有不同之處，它不單指出語言的辯證的轉變，同時也注意及與時俱進的專有名詞的變化。[12]按在佛教出現以前，婆羅門教（Brahmanism）便強調一種思想，認為名字與聲音都有其恆久性，它們各有其相應的東西存在於客觀世界之中，佛教的因明學便時常以「聲是無常」作為一個前提列舉出來，恐怕與這點有關連。佛教

10　*Early Buddhist Theory of Knowledge*, p.313.

11　Ibid., p.319.

12　Ibid., pp.314-315.

自然是反對這種看法的。

　　現在讓我們集中在知識的問題方面去。就認識的能力而言，日本學者平川彰提到「五處」，認為這是感覺的認識，相當於印度邏輯特別是知識論方面的現量（pratyakṣa），是直接的經驗。[13]但在佛教，現量可分兩種：感性現量與瑜伽現量，後者要到後期法稱他們才發展出來。實際上，五處表示五種認識機能，都是感性性格的：牙、齒、舌、喉、唇五者，而處則相應於梵文 sthāna，是發聲器官之意。另外，早期佛教文獻也提及六處，這種說法，就清晰地本著知識論的角度來說，在《奧義書》中仍未出現，到佛教才出現，但有關意識的說法（五處不提意識、意處），佛教以前已有所說。見、嗅、聞、觸、思維等認知作用，在《奧義書》中亦有說及。

　　關於現量，一般都作感性直覺看。西方學者開夫（A. B. Keith）指出，佛教與《奧義書》所說的直覺的特色，是直覺是真正知識的根源，亦是眾生從輪迴中解放開來的關鍵性的要素。[14]也是由於這個關係，雙方都沒有對知識論（epistemology）作出認真的貢獻。[15]佛陀是透過一種神秘的能力（mystic potency），看到物體的真相：如其所是（yathābhūtam）。這種神秘的能力與辯解模式的理解很是

13　平川彰著〈原始佛教の認識論〉，三枝充惠編集《講座佛教思想第二卷：認識論、論理學》（東京：理想社，1974），頁 19。

14　按這樣說直覺，這直覺不應是感性直覺（sinnliche Anschauung），而應是審智的直覺（intellektuelle Anschauung）了。這個問題過於複雜，我無意在這裏闡發下去。

15　真正的知識論，是建立在主體與客體的對等關係中，主體在時間與空間的直覺形式下，以自身所具有的範疇概念去整備、範鑄客體而成就出客觀的知識。這與由輪迴中解放出來而獲得解脫是兩碼子的事。後者是宗教所致力要做的，客觀的知識並無助於對於解脫的達致。

不同。開夫同時指出,這種神秘的能力是不能以任何經驗的方法來證實的。不過,他認為,佛教的經典並未視直覺(paññā)完全不同於辯解的知識,也不是與後者完全沒有關連。[16]按這裏說的經典應是指《阿含經》(Āgama)而言。

關於知識的內容,佛教與《奧義書》的說法很不同。後者認為「原我」(ātman)是終極真實,是被照見的(dṛṣṭam)、被聽到的(śrutam)、被思考的(matam),或被理性地理解的(vijñātam)。佛教不認同這些方式。在佛典中,我們可見到ñāṇa一語詞,有相互矛盾的雙重意義。它一方面被視為一種知識手段,是讓人得到解脫所必須的知識;另一方面,它被貶抑,被認為由它直接取得的知識無助於理解終極真理。[17]但查氏認為這並不一定是矛盾,其意只是:由ñāṇa所得的知識,對解脫來說,是必須的,但不是充足的。[18]

五、初期一般佛教論智慧

佛教是一種宗教,而宗教的目標是教人離苦得樂,教人從種種苦痛煩惱中解放開來,不執著任何事物,不為任何事物所束縛,由此而得到絕對意義的自由、自在的精神性的感受。這精神性的感受,不同於一般所謂情欲的感受。後者仍有束縛,受困於情欲;前者則純是睿智性格,雖說亦有情感,但這種情感已被過濾、昇華為一種

---

[16] A. B. Keith, *Buddhist Philosophy in India and Ceylon*. Delhi: Matilal Banarsidass, 1968, p.90.

[17] *Early Buddhist Theory of Knowledge*, p.425.

[18] Ibid., p.426.

有智慧意義、內涵的德性。一般的宗教的覺悟經驗，需賴智慧才能成就，佛教亦不例外。

就知識言，我們一般有理性的、智性的或智思的知識和直覺的知識的分別。佛教比較偏重直覺的知識，視之為有較高的價值。所謂較高的價值，是指傾向於覺悟而言，或就能引發覺悟的經驗而言。故這裏所說的直覺，並非一般所了解的感性直覺，而是包含有睿智、智慧、慧解在其中的直覺。這種直覺，康德曾稱之為睿智的直覺（intellektuelle Anschauung）。而佛祖釋迦牟尼也被視為一睿智的論者（jñāna-vādin, jñānin）。

佛教所強調的直覺，時常與「照見」（passāmī）連在一起說。對於四聖諦的真理，也說照見，要人「把得四聖諦而照見它們」（ariya-saccāmī avecca passati）。甚至是涅槃，亦被照見（nibbānaṃ passeyyanti）。而這種照見與瞑想亦有密切的關連。所謂知識學（ñāṇavādam）亦通過瞑想的實踐而來。這種瞑想的焦點，正是禪定（dhyāna）。

關於中道（巴 majjhimā paṭipadā），在早期佛教已經流行開來。本來是真理義，後來滲入一些知識論義。早期佛教講直覺的體證，也常涉及中道這個觀念。這種體證自然不是感性性格的，而是睿智性格的。它所成就的主客的關係，也不是主體與客體並列（coordinate）關係，而是主體統合客體的垂直（subordinate）關係。

總的來說早期佛教的智慧，平川彰指出，這兩者通常是不分開的，都作「智慧」，般若文獻則作 prajñā，或般若智，慧的意味也在其中。在《俱舍論》（Abhidharmakośa）的〈智品〉，智（ñāṇa, jñāna）、見（diṭṭhi, dṛṣṭi）與忍（kṣānti）被連合起來，而成為慧（paññā, prajñā）。在《阿含經》中尚未見到有這樣微細的區分。但常有「如

實持正慧遍知」（yathābhūtaṃ paññāya pajānāti）的字眼出現。其中，「持正慧」（paññāya）是「般若」；pajānāti 是動詞，即是遍知或周遍地知了之意。「如實」（yathābhūtam）自是真實不虛、不執著之意。這可通到空（śūnyatā）一觀念方面去。[19]

平川彰又提到，在認識主體或識（vijñāna）與認識對象或境（viṣaya, visaya）或所緣（ālambana, ārammaṇa）之間，原始佛教並不具有相應於認識主體的恰當詞彙。不過，在印度哲學中，有「食者」（bhoktṛ）一語詞，這有享受對象的意味，不視為認識主體（平川作認識主觀）。例如，ātman 便被視為能享受對象的東西，可作「食者」看。但佛教則不將它作「食者」看。巴利文亦有「食者」（bhuttar）一語詞，表示「吃食物的人」，在教理上未受到重視。作為巴利文，它也沒有「認識的享受者」之意。即是說，在原始佛教中，並未有以 ātman 為食者的想法。[20]這些情況都表示原始佛典在知識論上並不重視認識主體的意味。這是可以理解的。原始佛教是佛教的啟始階段，它的實踐重點在宗教覺悟的達致方面，因此並未有把注視的重點放在知識論上，後者是哲學理論的建構方面的重要工作。

至於自性、自相、共相等的區別，是後來的佛教發展出來的解釋，在原始佛教中，仍未發現有這種區別。自性是存在，自相、共相則是在知識論上確立起來的。[21]按自性是存有論概念，自相、共相則是知識論概念。

19　〈原始佛教の認識論〉，頁 48-49。

20　同上文，頁 43。

21　同上文，頁 18-19。

六、阿含佛教論認知與知識

一般所謂原始佛教（Primitive Buddhism），是指早期的佛教，包含佛陀釋迦牟尼（Śākyamuni）的思想和記錄他的說法的《阿含經》（Āgama）。此中的範圍比較輕鬆，有很大的概括空間。實際上，原始佛教有時也會包含較後期發展出來的佛教思想，例如有部和經量部的思想，或大眾部的思想，其界線區分不是很明顯。但阿含佛教的界線比較嚴謹，專指記錄在《阿含經》中的說法與思想，亦即是佛陀本人的說教。

首先，我們先強調，佛祖釋迦牟尼作為佛教的創造者，自身是相當理性的，也崇尚理性的思維。例如有人問他有關意識的問題：意識是不是人的靈魂呢？抑或意識只是一物體，靈魂是另一物體呢？他即提出一回問：你對靈魂是如何理解呢？佛陀並不時常給予或提出一斷然的命題，卻是喜歡提出問題。他是喜歡分析事情的。《阿毘達磨藏經》（Abhidhamma Piṭaka）擅於對名相的意義加以分析、分類，同時注意它的作用與限制，阿含的文獻也在某一程度上分享這種特性。這些文獻對於識（viññāṇa）是以分別的作用來界定的：透過它的分別作用，我們便得到知識。[22]

在一般的佛教文獻，「識」與「智」分得很清楚。識指有染污性格的心識，智則指清淨的智慧，時常與覺悟、解脫連在一起。但平川彰指出，在《阿含經》中，並不只是以「識」作為知的作用，另外還有「智」（ñāṇa, jñāna）與「慧」（般若 paññā, prajñā），亦指知的作用。這與「心」（citta）、「意」（manas）等亦有關係。

---

[22] *Early Buddhist Theory of Knowledge*, p.435.

[23]心的範圍比較寬廣，包括感覺與思想、意識，「意」則偏指思考作用的意識。

阿含文獻除了提出一般的感性的知覺外，還提到一種超感性的知覺（巴 atikkanta-mānusaka；梵 atīndriya-pratyakṣa），並視之為一知識手段。即是，心靈中的一切染污的東西（upakkilesa）都被滌除淨盡，沒有任何激情，心靈變得柔順，便能表現這種能力。具體地說，這些染污的東西有三種：強性（oḷārikā）、中性（majjhimikā）和細微性（sukhumā）。強性染污包括身業（kāya-duccaritaṃ）、口業（vacī-duccaritaṃ）和意業（mano-duccaritaṃ）。中性染污則有慾念的想法（kāmavitakka）、毀壞性想法（vyāpāda）和惡念（vihiṃsā）。細微性染污則有對於種族、種性（jāti）的執著，對於國籍（janapala）的執著和對於自我（avaññatti）的執著，或自我主義。當這些因素被移去，心靈便純淨化，可達致較高層次的認知。即是說，心靈若變得明澈、清純（citte parisuddhe pariyodāte）狀態，便能對事物有更完滿的理解，甚至理解事物的本質、本性，這是較高層次的知識（abhiññā）。[24]

至於真正的知識手段，阿含佛教曾提出知覺（perception）與依於知覺而來的推理（inference）。這表示知覺先行，推理在後，知覺較推理更為根本。它也提到感官認知的條件。以視覺為例，它的條件是：1.未有受到損害的內在的視覺感官；2.進入視野的外在的視覺形相和 3.心靈的注視活動。[25]另外，阿含佛教對感官認知的限制

23　〈原始佛教の認識論〉，頁 43。
24　*Early Buddhist Theory of Knowledge*, p.437.
25　Ibid., p.433.

也有明確的意識。如《南傳大藏經》的《分別》（*Vibhaṅga*）的部分所說：透過五種感官的認知，我們所把握的，不能超出那些進入感覺場域的東西。[26]

承著上面提到的感官認知的限制，阿含佛教更進一步提到知識的限制，或佛陀是否全知者的問題，《阿含經》並不持太誇張的說法。《長阿含經》（*Dighanikāya*）認為佛的知識是三面的，即無限的內省的認知、超人的洞見和見到由外而流進來的激動的、不平衡的情緒的消逝。佛陀曾說：「沒有任何隱者或婆羅門（brahmin）在一時間中知曉一切事情。」[27]按這種說法較後來的佛教徒如《大智度論》、天台宗人強調佛陀具有一切種智或唯識論者強調大圓鏡智為保守。

佛典中也有強調我們的知識不是無往而不利的，它其實受到五種障礙（pañcanīvaraṇa）的限制或影響：激情、惡意、怠墮麻木、緊張混亂和疑惑。我們必須克服、清除它們，才能使心靈集中起來，獲得知識與洞見，見到事物的原來的如實的狀態（yathābhūtañāṇadassanaṃ）。《相應部經》（*Saṃyuttanikāya*）即強調心靈的集中正是如實地知了事物的原因。這種專心的實踐有一定程序：先要得戒（sīlasampadaṃ ārādheti），然後得定（samādhi sampadaṃ ārādheti），最後得慧，亦即是知識與洞見（ñāṇada ārādheti）。這是《中阿含經》（*Majjhimanikāya*）說的。[28]

上面多處提到心靈的集中（samādhi）問題。這是通過訓練和努

26　Ibid., p.436.
27　Ibid., p.468.
28　Ibid., p.423.

力而得來的，它是神秘的知識的生起的原因（upaniṣā）。《增支阿含經》（*Aṅguttaranikāya*）這樣說：

> 在沒有了正確的心靈的集中，和不被給予這種集中的賦稟的
> 情況下，便沒有產生對於事物的如實狀態的知識和洞見的原
> 因。[29]

按這裏所謂的「神秘的知識」，其實是由睿智的直覺帶來的知識，而不是由一般的感性直覺所帶來的知識。

實際上，佛教的知識思想，可關連著其真理觀來說。佛教徒認為，真理和知識有其客觀性，它是要展現事物的「如其所是」（yathābhūtaṃ）的性格。這即是，存在的便知之為存在的，不存在的便知之為不存在的。

七、四句的使用與實效思想

在印度邏輯中，有所謂四句（catuṣkoṭi）和四句的否定的使用，在佛教邏輯中也沒有例外，而且在阿含佛教中便有不少用例。所謂四句，是以四個命題，分別為肯定、否定、綜合和超越以層層升進，透過否定與超越，以逐步提升真理的境界。關於四句及四句否定的問題，筆者曾作過多方面的研究，在這裏也就不擬從頭說明了。[30]查

---

29 Ibid., p.420.
30 有關四句和四句否定的研究，筆者寫有下列諸文，其中有相同或重疊的地方：

雅提離卡便強調，在阿含佛教中，有很多四句的運用，如：

1. 折磨自己的人：苦行者。

2. 折磨他人的人：獵人。

3. 折磨自己和他人的人，引致和參予犧牲行動的國王，他讓自己受苦，也讓他人喪生。

4. 不折磨自己亦不折磨他人的人：阿羅漢。

這是《中阿含經》的說法。[31]

查氏又說，對於世尊死後的存在問題，倘若能有一定然的答案的話，則四句中必有一句是真的。但佛陀認為沒有一句是恰當的（upeti）。即是，說他會被再生……是不恰當的；說他不會被再生……是不恰當的；說他會和不會被生起……是不恰當的；說他不會被生起和不會不被生起……是不恰當的。這表示，對於「那個在心靈上已得解脫的人會在甚麼地方被生起呢？」這個問題，不可能定然的判斷。[32]

---

1. Ng Yu-kwan, "The Arguments of Nāgārjuna in the Light of Modern Logic." *Journal of Indian Philosophy* 15, 1987, pp.363-384.

2. 吳汝鈞著〈從邏輯與辯證法看龍樹的論證〉，吳汝鈞著《佛教的概念與方法》（臺北：臺灣商務印書館，1988），頁 43-62。

3. Ng Yu-kwan, *T'ien-t'ai Buddhism and Early Mādhyamika*. Honolulu: University of Hawaii Press, 1993, pp.90-105.

4. 吳汝鈞著〈印度中觀學的四句邏輯〉，吳汝鈞著《印度佛學研究》（臺北：臺灣學生書局，1995），頁 141-175。

5. 吳汝鈞著、陳森田譯《中道佛性詮釋學：天台與中觀》（臺北：臺灣學生書局，2010），頁 141-161。

[31] *Early Buddhist Theory of Knowledge*, p.342.

[32] Ibid., p.289.

　　一言以蔽之，若只以肯定方面看真理，只能看到真理的正面。若只以否定面看真理，則只能看到真理的負面。這兩者都有所偏，因而改為同時看真理的肯定面與否定面，亦即是綜合面，便較能得真理的全面面目，但畢竟仍偏於肯定面，因而最後要超越綜合面，形成雙邊否定，真理之門才全面敞開，展示各方面的面相。

　　與此相類似，《長阿含經》也提及言說上的「無意義」的問題。例如說：「最崇高的顏色是那種顏色，沒有其他比它更崇高或更優秀的顏色了。」由於這裏沒有指出「最崇高的顏色」是甚麼，因此這種說法是「無意義的」（appāṭihīrakataṃ bhāsitaṃ）。[33]這其實是邏輯上的重言（tautology）的說法。阿含佛教已接觸這種邏輯上的問題了。

　　另外，阿含佛教也展示一些倫理的意涵。即是，《阿含經》所說的推理（anumāna），有相當濃厚的倫理意味，不是純邏輯的。例如，《推理經》（*Anumāna Sutta*）便強調，若你不想別人對你做出某事來，你便不應對別人做出該種事情。[34]這與孔子所說的「己所不欲，勿施於人」是同調。

　　阿含時代的佛教知識論還有一個特徵，那便是崇尚效用、實效方面。即是說，這種知識論有實用主義（pragmatism）與實踐（practice）的旨趣。一切有關離苦得樂的效應、實效問題，會得到優先的處理與解決。《中阿含經》內所記載的箭喻與筏喻便是顯明的例子。這些事件很多人都知道，我在這裏也就不再詳細闡釋。

　　對於一些純粹是言詞性的爭論，佛陀是沒有興趣去探究的。他

33　Ibid., p.330.
34　Ibid., p.442.

也會盡量避免陷入對言說慣習的效用範圍的踰越，因為這只會帶來混亂。他在《中阿含經》中說：

> 一個人不應糾纏於辯解性格的活動中，也不應踰越慣習所約定俗成的範圍。[35]

這些言詞性格的爭論，也包含對形而上學問題的探討。對於這些問題的深廣的講習，並無助於覺悟、解脫的宗教目標的獲致。因此，對於大眾部（Mahāsaṅghika）所提出的有關形而上學的問題，世尊採取消極的態度，甚至把它們擱置起來（ṭhapanīya），因為毫無實用的價值。特別是，這些問題很難有斷然的、確定的答案，只會虛耗時間與精神而已。

八、阿含時代的粗淺的知識論：以感識為主

上面我們討論《阿含經》或阿含時代的認知、知識問題，但是還是很原始的，很樸素。阿含時代是佛教的早期階段，一切都很簡單、純樸。以下我們試集中一下，把關心的焦點放在以感識為主的知識論方面。在這一點上，平川彰作過概括性的研究。這裏先概略地說，在我們的認知活動中，先要區別認識的主觀方面與客觀方面。客觀方面是對象，或一般所說的「境」。主觀方面則比較複雜，它分機能、器官。機能通常指心，它的認識有六種作用：視、聽、嗅、味、觸和思維。前五者為感覺性質，思維則是意識的作用。我們先

35　Ibid., p.313.

把注意點放在感覺或感識方面。但有時又要連著意識來說。

　　平川彰認為，在認識活動中，主觀方面是六識，而認識是以六根為依據的，因而認識對象必定要分開為六個領域。[36]不過，關於認識對象，有兩個問題需要提出：第一、真正的認識對象是甚麼呢？認識對象既然分而為六，則認識對象當受六根的制約。倘若通過認識能理解「實在」，則這實在亦應存在於六個領域中了。第二、在現實上，我們只能把具體的個體物作為外界的存在來認識。倘若實在能即在六根之中被置定下來，則這些個體物是甚麼意義的存在呢？平川指出，個體物正是實在。這便有實在論的傾向了。同時，在這樣的佛教知識論中，關於認識對象方面，我們需要注意及：認識對象是六外處或六境，這都是指「色、聲、香、味、觸、法」。但在《南傳阿含經》中，我們找不到這六者是何所指。漢譯《雜阿含經》（*Samyuttanikāya*）則有如下說法：

> 色外入處，若色四大造，可見、有對，是名色是外入處。……
> 若聲四大造，不可見、有對，如聲、香、味亦如是。觸外入
> 處者，謂四大及四大造色，不可見、有對，是名觸外入處。……
> 法外入處者，十一入所不攝，不可見、無對，是名法外入處。[37]

平川認為，文中的「外入處」與「六外處」中的「外處」是相同的。

36　平川這種說法，頗有以認識對象依附於認識機能即六根的意味。這與陳那的理解不同。陳那先確定認識對象有兩種：自相與共相，因而理解認識機能也相應地分而為二：以現量認識自相，以比量認識共相。但在下面平川又提到認識對象需要受認識機能亦即六根所制約。

37　《大正藏》2.91 下。

這裏以「四大造」來說，但只舉觸處是「四大」與「四大造色」。
「四大」即是地、水、火、風四大元素（mahābhūta）。這一般譯為
「四大種」。故六外處可視為以物質為基礎的。至於「四大造」，
即「四大所造色」（catunnaṃ mahābhūtānam upādaya rūpam），是
由四大種所造成的色。如何造法，並未有說明。四大種與色的關係
亦未有說明。在後期的《俱舍論》中，能造的四大種與所造的色一
樣，都被視為由極微（paramāṇu）所成，而所造的極微又為能造的
極微所支持而存在。平川認為，依上面的《雜阿含經》的說法，作
為眼的對象的色，是四大所造色，是可見的，亦是「有對」。「對」
即是反應，有障礙。其他感官的對象亦相若。就有部言，這些感覺
的素材，即此即是外界的實在，由極微合成。這樣，便分開有色的
極微、音的極微、香的極微、味的極微，與現代物理學以金的分子、
銀的分子的說法不同。[38]現代物理學所說的分子，是存有論的實體，
其屬性有色、音、香、味等，但有部所說的極微，則有色、音、香、
味的極微，屬性即此即是實體（極微，dravya）。這樣說來，原始
佛教、有部等，在存有論上，都是實在論的立場。在認識論上，則
是感性論、感覺論的立場。故實在是存在於六根的對象界中。[39]

　　對於阿含時代的知識論，平川彰很重視所謂六處一概念。這是
指六個認識領域（satāyatana）。這一概念最多出現於《雜阿含經》
中，但其他《阿含經》亦常提到這個概念。這六處又分六外處與六
內處，後者稱為「六內入處」，指眼、耳、鼻、舌、身、意六方面
的認識區域，十二因緣亦有提及。《雜阿含經》說：

---

[38] 在現代物理學中，金、銀分開；但有部俱把它們放在色之下。
[39] 〈原始佛教の認識論〉，頁 32-36。

> 眼是內入處，四大所造淨色，不可見，有對。耳、鼻、舌、
> 身內入處，亦如是說。……意內入處者，若心意識非色、不
> 可見、無對，是名意內入處。[40]

在這裏，我們要留意「淨色」（prasāda-rūpa）。平川表示，這表示
微妙的感覺官能，具有明淨的作用，如鏡那樣。這可看成是一種神
經線。如說眼的淨色是「不可見，有對」，有對表示有對礙，有物
質的意味。不可見則表示眼睛對它不起視覺的作用。至於意，應是
就意根而言，亦可指六識與意根。[41]

　　根（indriya）是一種能力。樹木的根有成長、支撐的作用；根
亦有令認識作用、心理作用穩定成長的意味。一般是說六根，那是
配合著六處或六入而言的。原始佛教除了說六根以外，亦有五根說：
信根、精進根、念根、定根、慧根；亦可指樂根、苦根、喜根、憂
根和捨根。但這與知識論沒有密切的關聯。

九、阿含時代的心識論：以意識為主

　　上面說明了阿含時代的知識論，但這頗為粗淺，不能與中後期
佛教特別是陳那、法稱、法上等的說法相提並論。以下較深入地對
這個問題探討下去，不過，我們要把焦點放在意識之上，因為意識
在知識論中具有概括的作用，這是指對前五感識有一統攝的作用。
不過，在這裏得先說明，佛教說知識論，是從宗教的立場來說，與

40　《大正藏》2.91 下。
41　〈原始佛教の認識論〉，頁 44-45。

成覺悟、得解脫的目標分不開。唯識學亦不例外，它說知識論，是附在轉識成智的脈絡下說的，意識基本上不是純粹認識的心識，而是具有濃厚的迷執作用的心識，這些迷執性是要轉化的。因此，總體而言，佛教的知識論與心理學有非常深厚的關係，特別是在知覺論方面。這在原始佛教或阿含佛教中亦不例外。我們甚至可以說，阿含佛教全體可被視為一種心理學說。但在細微的地方，知識論與心理學仍需作一義理上的判別。

上面一節提到六處或六入的概念，而有內外之別。我們在這裏姑就這一題材繼續討論下去。在漢譯《雜阿含經》中，有些經典視六內處為六根，六外處為六境。但說六內處、六外處是認識論義，說六根、六境、六識則有心理學的傾向。雙方的重點不大相同。「六處」可以說是主客未分的認知事實，它的發展，便是主客的分化、分裂，而成六內處、六外處。[42]在十二因緣（dvādaśāṅgika-pratītya-samutpāda）的說法中，六處或六入分裂為主客，主客相互作用而為「觸」（sparśa）。這觸不單有接觸（主觀接觸客觀）的意味，同時也是一種心理上的力量。因此，與其說觸是一種認識的作用，不如說是一種心理的作用，來得恰當。觸是心理上的感觸作用，不是物理上的感觸、接觸的作用，是認識論或知覺中的一種心理作用。[43]

在原始唯識學中，「識」亦稱為「心」（citta），亦稱為「意」（manas），亦稱為「識」（vijñāna），是日夜無間斷地、不停地生

---

42 主客未分的事實何以要發展為主客的分化、分裂，是一個宇宙論的顯現問題，特別是唯識學的存有論與宇宙論的問題，這裏我們無意進深地討論下去。在這裏只略為點出。

43 這裏亦可參看平川彰著〈原始佛教の認識論〉，頁 29-30。

滅的。概括而言，我們可以說心、意、識在唯識學中指謂同一的東西。就識的相應梵文語詞 vijñāna 而言，是區分、分別的意味，可以形成一種判斷，有分別、了別（vijānāti）的作用。這種判斷的形成，是我們本來有五根，各自有其認知對象，而這五根機能又不是各各獨立的，互不相通的，卻是有一共通的所依、據點，這即是意（manas）。這意是五根的所依、共同的依靠，因此它們的作用，可以由意或意識來統合起來，而成為多種判斷。這點很重要，一方面，五根要有共同的所依，溝通才可能，同時，五根的各自的作用，也不會混亂起來。另方面，五根各有其對象，經過意識的中介與統合，我們才能對種種不同的對象作出相應的判斷，而不會相互混淆起來。

再就細微方面說，意識有兩種：與前五感識共同作用的有「五俱意識」；以「法處」為對象而獨自作用的、不與前五感識共同作用的則有「獨頭意識」。五俱意識能把前五感識的感覺認識加以綜合，對外界作出統一的判斷。獨頭意識則能回憶過去發生了的事，預想未來要發生的事，同時又與現前的外界區隔開來。

若關連著現量、比量這些認識能力來說，平川彰指出，六識之中，眼等五識是感覺的認識，這是「直接知覺」，它們與第六意識的判斷不同。後世佛教發展開來，以前者為現量，後者為比量。但在原始佛教，對雙方並沒有很詳細地、確定地區分開來。不過，《中阿含經》曾說眼根、耳根、鼻根、舌根、身根五根各自有其對象（viṣaya），各有不同的活動範圍（gocara），但又各各不認識他者的對象、範圍。[44]

44　同上文，頁 26。

就根或神經線而言,五識需要有五根,同樣,意識亦需有其所依的根,這便是意根。按在原始佛教中,已有意根(mano-indriya)的說法。意識有思維作用,但這種作用或活動要有其依靠、所依。倘若沒有任何所依,則思維活動無從生起。《俱舍論》提出「無間滅識」,認為這是意根;唯識學則以意根為染污性格,由此來說末那識。意根有其自己不共的對象,而成所謂「法境」,這主要指概念、觀念、思想。意根亦以法境之外的色等五境作對象。

十、《瑜伽師地論》的知覺思想

上面我們主要闡述了原始佛教特別是《阿含經》的知識論。早期佛教當然也有小乘佛教如《大毘婆沙論》、《俱舍論》等的知識思想,和後來出現的大乘佛教如《般若經》、中觀學與唯識學的知識思想。《般若經》和中觀學主要是闡述空(śūnyatā)的義理,與認識對象的緣起性格有一段距離,知識思想畢竟是有關諸法或現象的認識的,因此對知識問題涉入不深。唯識學講緣起,較多對現象世界的說明,也包括對它建立客觀而有效的知識方面。其中以《瑜伽師地論》(Yogācārabhūmi)尤為周延,在論述知覺方面,很有參考的價值。因此我們在這裏也闡述一下此一典籍的一些有關說法。另外,日本學者梶山雄一寫了一篇長文〈佛教知識論の形成〉,在這方面尤多所發揮,我們這裏也以這一作品為主要的參考文獻。[45]

---

[45] 梶山雄一著〈佛教知識論の形成〉,平川彰、梶山雄一、高崎直道編集《講座大乘佛教 9:認識論と論理學》(東京:春秋社,1984),頁 1-101。

　　首先，梶山雄一闡發《瑜伽師地論》的知覺思想，表示該著作提出作為我們的重要的認識機能或認識手段的現量或知覺有三種：(1) 非不現見（aviparokṣa）、(2) 非已思應思（anabhyūhita-anabhyūhya）、(3)非錯亂境界（avibhrānta）。非不現見是指知覺的直覺性，現前即能覺察，這不同於推理。非已思應思指現前一瞬間的直覺，與過去、未來都沒有關連。非錯亂境界指遠離、超越以下的錯亂：想錯亂（saṃjñā-bhrānti）、數錯亂（saṃkhyā-bhrānti）、形錯亂（saṃsthāna-bhrānti）、顯錯亂（varṇa-bhrānti，這是對顏色的誤解）、業錯亂（karma-bhrānti，這是對作用的誤解）、心錯亂（citta-bhrānti）、見錯亂（dṛṣṭi-bhrānti）。最後的心錯亂與見錯亂必隨著前五種錯亂一齊生起。關於想錯亂，指以陽焰為水；數錯亂是把一個月亮看成兩個月亮；形錯亂則是把旋火看成是輪；顯錯亂指患黃疸症的人把一切物體都看成是黃色；業錯亂則是在行船時看到岸上樹木在移動；心與見錯亂則執著以上的種種錯亂。[46]

　　接著指出能夠遠離錯亂，而生起瞬間的直覺，需要兩個內在的條件和四個外在的條件。內在的條件是，感官是正常的，沒有缺陷，注意力（manaskāra）亦需現前展示出來。外在的條件則是：(1)相似生（anurūpotpatti）；欲界的感官知覺欲界的對象，色界、無色界的感官各各知覺色界、無色界的對象。另外，也有時間上的相應，即是，過去的感官只知覺過去的對象，現在、未來的感官各各只知覺現在、未來的對象。所謂感官，包含意根在內。(2)超越生（samutkramotpatti）；較高層次的界或地在較低層次的界或地生起。以上這兩種內在的條件是以阿毘達磨的特殊教義為前提的。(3)無障

46　同上文，頁68-69。

礙（anāvaraṇa）；按障礙有四種：(a)覆障（avacchādanīya-āvaraṇa），
這是就黑闇而言。(b)隱障（antardhāyanīya-āvaraṇa），指事物因藥
草、咒術、神通等因素而被隱蔽。(c)映障（abhibhavanīya-āvaraṇa），
指小光為大光所逮奪其明照。(d)惑障（saṃmohanīya-āvaraṇa），指
為夢幻一類東西所迷惑。只有在這四種外在的障礙不存在時，才有
確實的知覺生起。(4)非極遠（aviprakarśa-āvaraṇa）；按空間的遠隔
為處極遠（deśa-viprakarśa），時間的遠隔為時極遠（kāla-viprakarśa），
太微小為損減極遠（apacaya-viprakarśa），這都不利於知覺活動。[47]

　　最後，知覺分四種。(1)色根現量（rūpīndriya-pratyakṣa），這是
由五色根而來的知覺。(2)意受現量（manonubhava-pratyakṣa），這
是由意根而來的知覺。(3)世間現量（loka-pratyakṣa）。(4)清淨現量
（śuddha-pratyakṣa）。梶山表示，這裏出現重複的情況。世間現量
可分開為色根現量和意受現量；清淨現量也與世間現量有相同之
處，而與此相異的出世間智（lokottara-jñāna），也會成為不共世間
清淨現量的對象。[48]

　　最後，梶山指出，《瑜伽師地論》的知覺思想中，最受注目的，
是對知覺的定義，特別是非不現見（aviparokṣa）和遠離錯亂
（bhrānti），對爾後法稱等也有影響。在克服已思、應思方面，他
舉出兩個例子。其一是，醫生把藥施與病人，病人感覺到藥的色香
味觸而有知覺，因而生起疾病會藉著這藥而得以痊癒的「應思」，
和想到疾病已經痊癒這種「已思」，即是，不再執著這未來與過去
的想法。他所留下來的，是對現在的感覺的知覺。這是最後的知覺

47　同上文，頁 69-70。
48　同上文，頁 70。

的分類，正是世間現量。另外一個例子是，瑜伽修行者在現實上住著於地，同時也會有水、火、風之想，這水想會遠離過去、未來，這是定心現量。最後的分類是出世間智，亦即是清淨現量。就這些記述來說，後來的知覺的定義便是「知覺遠離概念，沒有錯亂」，再進一步，便有類法稱的知覺分類如感官知、意知覺、瑜伽修行者的知（yogijñāna）的說法了。但這並未到自己認識（svasaṃvedana）的地步。[49]

十一、有關知識的分類問題

最後，我們要討論一下早期佛教在知識的分類方面的問題，以結束全文。在南傳的《論事》（*Kathā-vatthu*）中，牽涉及知識的分類問題。就邏輯言，其中有一項是很重要的，這便是分類（classification）的問題。這種分類勢必依賴普遍概念（universal concepts）。例如「松鼠」是一普遍的概念，一切不同形態與活動功能的個別的松鼠（squirrel），都概括在「松鼠」這個概念之下，而有其在動物中的適當位置。但倘若所指涉的不是個體物，而是概念本身，則有些學派認為，可以由其他概念來概括的概念是沒有的。[50] 其意是，普遍概念指涉、概括某種物體的全部，或整個類，我們不能再把這些普遍概念概括起來。他們認為概念的分類與物體的分類不同，我們不能把物體的分類方式硬套到概念方面去。

為甚麼會是這樣呢？這些學派認為，概念與個別物不同，個別

---

[49] 同上。

[50] *Early Buddhist Theory of Knowledge*, p.305.

物可集結成類概念，但概念不能集結在一個更高的概念之下。但反對的一方，亦即是上座部（Theravādins）不以為然，他們認為，愉快的、痛苦的或中性的感受，可以在「感受」這一外延較大的概念下集結起來。筆者認為，這些學派的說法難以成立。例如，「黃種人」、「白種人」、「黑種人」等概念，可集結在「人」這一大概念之下而成人類。

　　回返到知識的分類問題。在論藏〈知識分別部〉（Ñāṇa-vibhaṅga）中，知識（ñāṇa, paññā）未有被全面地以一種對列的方式加以分類，代之而來的，是分立的不同的分類，而且多是二面的。

1. 知識（paññā）─┬世俗的（lokiya）
　　　　　　　　└超世俗的（lokuttara）

2. 知識（paññā）─┬實質的（kena ci viññeyyā）
　　　　　　　　└假設的（na kena ci viññeyyā）

3. 知識（paññā）─┬能思考的（savitakka）
　　　　　　　　└不能思考的（avitakka）

這是有關知識的三種分類法，每種各自開列為二。另外，亦有把知識分為三類者：

1. 知識（paññā）─┬由思維而起（cintā-maya）
　　　　　　　　├由印證而起（suta-maya）
　　　　　　　　└由觀照而起（bhāvanā-maya）

2. 知識（paññā）─┬神秘性的（samāpannassa）
　　　　　　　　　　按這即是由觀照而起的知識
　　　　　　　　└不是神秘性的（asamāpannassa）

不是神秘性的知識又分兩種：

    a. 由聽聞他者而得（parato sutvā paṭilabhati），這是由印證而起
       的知識

    b. 由他者而得（parato assutvā paṭilabhati），這是由思維而起的
       知識

在此之外，知識又被分類為四個小類：

    a. 感官範圍者（kāmāvacara）

    b. 形相範圍者（rūpāvacara）

    c. 非形相範圍者（arūpāvacara）

    d. 沒有限制者（apariyāpanna）

這種表示法，不是很好。這給人一種這四個小類是平行的、對等的
印象。更具體、清晰的分類應如下所示：

知識
- 感官範圍（kāmāvacara）
- 非感官範圍（na kāmāvacara）
  - 形相範圍（rūpāvacara）
  - 非形相範圍（arūpāvacara）

    綜合而言，早期印度佛教的知識論所包含的內容相當豐富，但
大體上是具體而微，未有對某種知識作出既深且廣的辨析。主要原
因是佛教是一種宗教，不純然是哲學，它首先要照顧的，是覺悟、
解脫的宗教目標，這種目標跟知識的專精的、多元的發展，沒有很
密切的關連。但麻雀雖小，五臟俱全，後來的陳那、法稱便得以乘
著這個肩膊，向深、廣處開拓、發展，造就了具有宏觀規模的佛教
知識論。

第二章 《雜阿含經》

簡介：《雜阿含經》（*Saṃyuttanikāya*）為求那跋陀羅（Guṇabhadra，功德賢）所譯，為四部《阿含經》（*Āgama*）中內容最詳盡者。

1. 色非我，非我所應，亦非餘人所應。（大 2.4a）

「色」（rūpa）指五蘊中的色蘊，即物質現象。「我」（ātman）指自我，即主體。「我所應」指自我的對象，即客體。「餘人所應」指我以外其他眾生的對象。物質現象並非我，非我的對象，亦非任何其他人的對象。這裏首先提出認識主體、認識對象問題，兩者處於一種相互對待的二元關係之中。

2. 如是受、想、行、識，非我，非我所應，亦非餘人所應。（大 2.4a）

如色蘊一樣，受（vedanā）、想（saṃjñā）、行（saṃskāra）、識（vijñāna）蘊亦非我，非我的對象，亦非任何其他眾生的對象。受是感受，想是取像，行是意念，識是一般的認識。這四種機能合在一起，勉強可以說相應於知識論上的感性（Sinnlichkeit）與知性（Verstand）。感受相當於感性，想像則介於感性與知性之間，行、

識相當於知性。

3. 云何色集？受、想、行、識集？緣眼及色，眼識生。三事
　和合生觸，緣觸生受，緣受生愛，乃至純大苦聚生，是名
　色集。如是緣耳、鼻、舌、身、意，緣意及法，生意識。
　三事和合生觸，緣觸生受，緣受生愛，如是乃至純大苦聚
　生，是名色集，受、想、行、識集。（大 2.18a）

　　什麼是色集？受、想、行、識集呢？以作為視覺器官的眼根和
作為視覺對象的顏色對境為緣，而生眼識。由眼根、色境和眼識這
三樣事物和合產生觸（sparśa），即接觸。以觸為緣而產生受，即
感受。以受為緣而產生愛（tṛṣṇa），即愛著。以致產生大苦的積聚，
這就是色集。大苦是根源性的苦（dukkha）。同樣地，以耳根和聲
音對境為緣而產生耳識；以鼻根和香氣對境為緣而產生鼻識；以舌
根和味道對境為緣而產生舌識；以身根和軟硬、乾濕等對境為緣而
產生身識；以意根和法境，即概念（Begriff）為緣而產生意識
（mano-vijñāna）。各種根、境、識和合而產生接觸。以觸為緣生受。
再以受為緣而生愛。由此而產生大苦的積聚。這就是色集。其餘的
受集、想集、行集、識集亦是這樣地形成。這裏提出根（器官）、
境（對象）和識（心識）三方面的因素（hetu），勉強可形成一種
認識活動。但這種活動不是純粹的認知（cognition）性格，卻有心
理的、感受的意味在裏頭。佛教特別是唯識學言認識，總有心理方
面的意味。

4. 緣眼、色，眼識生。三事和合緣觸，觸生受。（大 2.54a）

以眼根和顏色對境為緣，則生起眼識。根、境、識三者和合為緣，產生接觸。由接觸生起感受。這裏所說的緣（ālambana, dmigs pa），是依據、根據之意。眼根是認識者，色是認識對象，眼識則是認識活動。先有認識者和認識對象，然後前者認識後者，而成一種活動，這就常識來說，是很自然的。在認識論來看，的確是這樣。但從現象學義的存有論來說，則次序逆轉。即是，先有認識活動，這是尚未有主體、客體的分化的階段，然後認識活動自身從抽象狀態作具體化轉向，轉出主體與客體。京都哲學家西田幾多郎便是依這種導向來建立他的純粹經驗一觀念。即是，先有渾然一體的純粹活動，然後這經驗自我分化而成立經驗者與被經驗者。這先後是時間義，亦是邏輯義、理論義。

> 5. 佛告三彌離提，謂眼色、眼識、眼觸，眼觸因緣生受。內覺若苦，若樂，不苦不樂。耳、鼻、舌、身。意法、意識、意觸，意觸因緣生受。（大 2.56a-b）

佛告訴三彌離提說，眼根和色境結合生起眼識，以至生起眼觸。以眼觸為緣生起感受。這感受有苦、樂、不苦不樂。其餘的耳、鼻、舌、身、意都是這樣。意根和法境生起意識，以至生起意的接觸。由接觸而生起感受。在這裏，不苦不樂即是沒有明顯的感受可言，有時又作「捨受」。至於法境，範圍可以很廣，凡是具體的東西、抽象的東西，只要我們能想到的，即使是在現實上不存在，都是法境的所涵。

> 6. 緣眼、色生眼識。比丘，彼眼者，是肉形、是內、是因緣，

是堅是受,是名眼肉形內地界。比丘,若眼肉形,若內、若因緣,津澤是受,是名眼肉形內水界。比丘,若彼眼肉形,若內、若因緣,明暖是受,是名眼肉形內火界。比丘,若彼眼肉形,若內、若因緣,輕飄動搖是受,是名眼肉形內風界。比丘,譬如兩手和合相對作聲,如是緣眼、色生眼識,三事和合觸,觸俱生受、想、思。(大 2.72c)

以眼和色境為緣或對象,生起眼識。眼睛是血肉的形體,是在肉身之內,且是作為生起認識作用的因緣。眼睛當中感覺是堅硬的部分,是肉眼中的地界。肉眼中感到濕潤的東西,是水界。肉眼中感到是明亮溫暖的是火界。肉眼中感到會飄盪的是風界。地、水、火、風四界構成了眼睛這個血肉的形體。以眼和色境為緣而產生眼識,就好像兩手合拍而產生聲音一般。眼、色境和眼識三樣東西和合就產生接觸。與觸一同生起的還有受、想、和思。這裏指出了觸、受、想、思這四種作用是俱生的,但未有提到這些屬於心所。按這種說法,需注意一些問題。首先,地、水、火、風四界是構成萬物的基本要素,不是具體的對象,我們的認識機能沒法直接接觸,故不能成為認識對象。即使我們能憑觸覺接觸對象,而有堅硬、濕潤、溫暖、飄動的感覺,那是與某類具體事物接觸的感受,至於這具體事物是甚麼,還是無從說起。例如一塊石頭與一塊鐵,都是堅硬的,若單靠觸覺,不加其他感覺機能,便不能確定這是石塊抑是鐵塊了。

7. 彼心意識日夜時剋,須臾不停,種種轉變,異生異滅。譬如獼猴遊林樹間,須臾處處,攀捉枝條,放一取一。彼心意識,亦復如是,種種變易,異生異滅。(大 2.82a)

心中的意識無論日夜，時刻都生起，不會有短暫的停留，而且不斷地轉變，每次生起及滅去都會變異。這種生滅和變異就好像獼猴在樹林中走動，片刻沒有停留，抓著一根樹枝後立刻就放開，再抓另一根樹枝。心中的意識亦是這樣，生起後立刻就滅去，再生起另一個意識，如此不停地轉變。意識便是這樣的性格，所謂心猿意馬。便是由於意識的這種脫跳無常的活動，讓我們難以把捉，難以操控，難以轉識成智。

8. 云何為種種界？謂眼界、色界、眼識界。耳界、聲界、耳識界。鼻界、香界、鼻識界。舌界、味界、舌識界。身界、觸界、身識界。意界、法界、意識界。是名種種界。（大 2.115c-116a）

眼界指眼根，是認識器官；色界指色境，是認識對象；眼識界指眼識，是認識能力或認識活動。耳、鼻、舌、身、意亦各有三界，合共十八界，這就是所謂種種界。「界」（dhātu）這個概念，在佛典中時常出現，有多種意思：原理、分別、範疇、要素、領域、種子等，這裏應作要素解。

9. 二因緣生識，三事和合生觸。又喜觸因緣生樂受。如是耳、鼻、舌、身、意法，亦如是說。（大 2.117c）

「二因緣」指根和境，這裏應是指眼根和色境。以眼根和色境為緣而生起眼識。眼根、色境和眼識三者和合產生接觸。順適的接觸生起快樂的感受。同樣地，耳、鼻、舌、身、意都是這樣生起

觸，以至快樂的感受。另外，經中又提到苦觸與不苦不樂觸，意思都是相近。在這裏，我們還是注意以眼根和色境為緣而生起眼識或視覺活動，甚至以眼根、色境、眼識三者和合而生起接觸，這都是由個別者綜合起來而成某種結果的思維導向，而不是由某種渾然的東西自我分化而開出種種要素的思維導向，不是西田幾多郎的純粹經驗的存有論的思維方式。

> 10. 緣眼及色生眼識，三事和合生觸，緣觸生受：樂受、苦受、不苦不樂受。依此染著流。耳、鼻、舌、身，意、意識、意識法，三事和合生觸，緣觸生受：樂受、苦受、不苦不樂受，依此受生愛喜流，是名流源。云何亦塞其流源？謂眼界取心法境界繫著，使彼若盡，無欲滅息沒，是名塞流源。耳、鼻、舌、身意取心法境界繫著，使彼若盡，無欲滅息沒，是名亦塞其流源。（大 2.144b）

以眼和色境為緣或要素而生眼識。眼、色境、眼識三者和合而生觸（sparśa），以觸為緣而生受（vedanā）。受可分為樂受、苦受和不苦不樂受或捨受三種。依著這些受而產生染著的生命之流。耳、鼻、舌、身、意亦是同樣地生起樂受、苦受和不苦不樂受。由這些受而產生愛著（tṛṣṇa），以致形成這個生命之流。所以，由三事和合以至生起受，是染著的生命之流的泉源。怎樣才能阻塞這種源流呢？在一般情況下，眼、耳、鼻、舌、身、意都以外在的事物為對境或對象，不斷地向外馳騁。如將這六根收攝，轉以內在的心法為對境，把六根繫著於心法的境界，這樣，六根向外的作用就會熄滅，這就能阻塞這些源流。例如眼根，在一般情況下不斷攀附外境。倘

若能收攝眼根，不使之向外攀附，轉而以心法內境為對象，以心法之境界繫著眼根的作用，就能令眼根攀附外境的作用熄滅，這樣就能斷絕由眼而生的識，以至觸、受，最後斷絕由此而起的染著的生命洪流。在知識論來說，五根當然只能以外物為對境，不能以心法為對境。這裏的意思應是強調熄滅五根向外攀附的作用，而心法是用來收攝意根，意根被收攝向內，就能令五根的作用不起。這樣斷絕了對外物的染著，就能阻塞雜染生命的源流。有一點要注意的是，這裏強調根、境、識這三個概念，特別是認識論的概念，好像在探討認識的問題，其實不是。這是借這些認識論的概念來展示如何才能去除種種染著，阻截生命的源流，最後達致解脫的宗教目標。實際上，以心法作為方便的東西來止息眼等五根的作用，是不成的。這五根的對象是外境，不管你如何以心法來吸引、止息它們，它們還是可以認識外在的對象。作者的實際意思是盡量收攝五根的作用，強化心法對五根的影響，使它們不能起對任何事物的愛著。即使五根認識外境，也不能生起愛著之心。故這段文字表面上是談認識的問題，內裏卻是教人如何能去除以愛著為中心的一切執著。去除了虛妄執著，便能說解脫了。故這段文字的用意是在解脫論，不在認識論。

11. 為眼繫色耶？色繫眼耶？如是耳聲、鼻香、舌味、身觸、意法，為意繫法耶？為法繫意耶？長者問言：諸尊者於此義云何記說？諸上座言：於長者意云何？長者答諸上座言：如我意，謂非眼繫色，非色繫眼，乃至非意繫法，非法繫意。然中間有欲貪者，隨彼繫也。譬如二牛，一黑一白，駕以軛鞅。有人問言：為黑牛繫白牛，為白牛繫黑牛，

> 為等問不？答言：長者，非等問也。所以者何？非黑牛繫
> 白牛，亦非白牛繫黑牛，然彼軛鞅，是其繫也。如是尊者，
> 非眼繫色，非色繫眼，乃至非意繫法，非法繫意，然其中
> 間，欲貪是其繫也。（大 2.152a）

　　從知識論的角度看，眼、耳、鼻、舌、身、意代表認識的主體，
色、聲、香、味、觸、法代表認識的對象。在認識活動中，是主體
繫著對象，還是對象繫著主體呢？即是問：是主體採取主動去捕捉
對象，還是主體被對象所找著呢？長者認為，不是主體找著對象，
亦不是對象找著主體，而是兩者中間有著另一種東西——欲貪——
將兩者繫縛著。以上的問題，就好像一頭黑牛和一頭白牛被一個軛
鞅所繫縛著，而問是黑牛繫縛著白牛，還是白牛繫縛著黑牛。尊者
認為這兩個問題並不是等同的。不是黑牛繫著白牛，亦不是白牛繫
著黑牛，而是兩牛中間的軛鞅繫縛著牠們。對等地說黑牛繫縛白牛，
與白牛繫縛黑牛，都不相應，關鍵只在軛鞅方面。

　　按照尊者所說的這個意思，兩牛的問題與主體、對象的問題應
是等同的。因為兩個問題的答案都一樣：不是任何一方繫著另一方，
而是雙方中間的事物同時繫縛著雙方。不過，我們要注意的，不是
這一方面。卻是作者從眼認識色說為眼繫縛色這種說法，他是把認
識問題作出情執的心理學的轉向。即是，眼是認識器官，色是認識
對象，在認識論的脈絡上說眼認識色，是很自然的。但項莊舞劍，
志在沛公：以眼認識色的問題，帶出眼執繫著色的問題。眼認識色，
不含有救贖意味；但眼執繫色，以色為有自性（svabhāva），這是
迷執。作者以眼、色的認知關係作為遮掩，暗渡陳倉，引出眼執著
於色，而暗示眼不應執著於色，才有解脫的出路可言。

12. 我過去眼識，於色心不顧念；於未來色不欣想；於現在色
不著。我過去、未來、現在眼識，於色貪、欲、愛、樂、
念，於彼得盡，無欲滅沒，息離解脫。心解脫已，是故不
染，不著，不污。（大 2.260a）

　　在一般情況下，當主體接觸對象時，會有貪、欲、愛、樂、念
等心理狀態產生。如果能夠不執著於對象，就能令貪、欲等作用熄
滅，這樣就能夠達致清淨解脫。這裏顯出一個意思，就是主體與對
象的接觸所產生的作用會隨著主體狀態的不同而改變的。當主體處
於凡夫的狀態下，對事物有所執持，這時生起的認識活動會引生貪、
欲、愛、樂、念等心理狀態。但當主體脫離了凡夫的狀態，即使面
對同樣的對境，生起的認識活動也不會引生上述的心理狀態。

　　承著上面的說法，作者的意向更為鮮明地表達出來。他只強調
認識會引生種種貪、欲、愛、樂、念，這些活動最後只會讓人在生
死流轉的情境中受苦、打轉，不會帶來覺悟與解脫。即使你的認識
進行得很好，也沒有用。這很明顯地否定了認識的正面價值、功能，
只從覺悟、解脫這種宗教目標來評論。認識活動、對世間事物的正
確的認知的做法，在作者看來，並不重要，也沒有獨立的地位。這
是初期的原始佛教中的觀點，在爾後很長的一段時間，都是這樣。
要到陳那（Dignāga）、法稱（Dharmakīrti）他們出來，才有重要的
轉變。

參考用書

1. 增谷文雄著〈知惠と慈悲の源流〉，增谷文雄、梅原猛著《知
惠と慈悲：ブッダ》東京：角川書店，1973。

2. 平川彰著〈原始佛教の認識論〉，三枝充悳編集《講座佛教思
   想第二卷：認識論、論理學》，東京：理想社，1974。

特別說明

　　原始佛教即西方及日本學者所謂的 Primitive Buddhism。「原始」
（primitive）是一個中性的語詞，表示最早的、最原初的意味，也
有最根源性的意思。這是從時序上的、義理上的角度著眼說，不含
有粗鄙的、非勝義的貶抑的意思。在佛教的文獻中，原始佛教最接
近佛陀釋迦牟尼（Śākyamuni）的教法。在巴利文文獻中，原始佛教
概 括 在 五 組 或 五 部 經 典 之 中 。 這 五 部 經 典 是《長 部》
（Dighanikāya）、《中 部》（Majjhimanikāya）、《相 應 部》
（Saṃyuttanikāya）、《增支部》（Aṅguttaranikāya）和《小部》
（Khuddakanikāya）。這五部文獻中的前四部，分別相應於梵文漢
譯的《長阿含經》、《中阿含經》、《雜阿含經》和《增一阿含經》。
目前，巴利文五部阿含文獻現存，梵文四部阿含文獻則失傳，但有
漢譯現存。在這四部阿含文獻中，《增一阿含經》的內容最簡要，
收入四諦（cattāri saccāni）、八正道或八聖道（ariyo atthaṅgiko maggo）
等觀點。《雜阿含經》的內容則是最為豐富和多元性，包含佛教的
重要綱目如天、人、魔怪等。我們這裏選《雜阿含經》作為代表，
看原始佛教在知識問題上的看法。

　　如所周知，佛教作為一種宗教，和其他的宗教一樣，把關心的
焦點放在眾生的成覺悟、得解脫方面，是救贖的（soteriological）性
格。一切問題都需在這個大目標、大脈絡中處理。知識問題也不例
外。因此，佛教由初期的原始佛教（包括釋尊的教法）經說一切有
部（Sarvāsti-vāda）、經量部（Sautrāntika）一類小乘佛教到大乘佛

教如般若（Prajñāpāramitā）思想、中觀學（Mādhyamika）和早期唯識學（Vijñāna-vāda），知識問題都未受到足夠的重視。到大乘佛教中期的陳那（Dignāga）和稍後的法稱（Dharmakīrti），才正面就知識問題，予以較具獨立性的關注與探討。這一方面是由於內部義理發展與開拓的需求，外部受到當時流行的實在論如正理派（Nyāya）、勝論（Vaiśeṣika）、數論（Sāṃkhya）等的刺激，它們提倡認識論以提升對境或對象世界的認知度，佛教不能不作回應。而下面提及的說一切有部由於傾向實在論和經量部傾向半實在論，因而也多討論一些知識問題，但與陳那、法稱比較，還是很粗淺。

第三章 《放光般若經》

簡介:《放光般若經》為早期的般若文獻,由西晉時期于闐國三藏無羅又譯。此處所用,為這個譯本。

1. 菩薩行般若波羅蜜者,不見有菩薩,亦不見字,亦不見般若波羅蜜,悉無所見,亦不見不行者。何以故?菩薩空字,亦空空。無有五陰。何謂五陰?色陰、痛陰、想陰、行陰、識陰。五陰則是空,空則是五陰。何以故?但字耳。以字故,名為道;以字故,名為菩薩;以字故,名為空;以字故,名為五陰。其實亦不生,亦不滅,亦無著,亦無斷。(大 8.4c)

「般若波羅蜜」梵文是 prajñā-pāramitā,又譯作「智慧波羅蜜多」或「智度」[1]jñā 解作認識、了解。pra 作為字首,表示向前或向上。pāra 的字根是√pṛ,意思是過度。mitā 是字根√mā 的過去被動分詞,作陰性名詞用,意思是限制。[2]整個詞的意思是以向上的認識

1　《大智度論》(*Mahāprajñāpāramitā-śāstra*)梵名中的 prajñāpāramitā,便譯作「智度」。

2　參考 Sir M. Monier Williams, *A Sanskrit-English Dictionary*, Dehlhi:

去過度一種界限。這種界限就是此岸與彼岸、世間與涅槃的分隔。而這種向上的認識即是般若智。波羅蜜多是菩薩修行的德目，共有六種。除般若波羅蜜多外，其餘五種是：檀波羅蜜多（dāna-pāramitā），即布施波羅蜜多；尸波羅蜜多（śīla-pāramitā），即持戒波羅蜜多；惟逮波羅蜜多（virya-pāramitā），即精進波羅蜜多；羼提波羅蜜多（kṣānti-pāramitā），即忍辱波羅蜜多；禪波羅蜜多（dhyāna-pāramitā），即禪定波羅蜜多。[3]

　　般若智（prajñā）有別於一般所說的智慧，或世俗智（saṃvṛti-jñāna）。世俗智是一種認識能力，以現象世界作為對象。這種認識能力所進行的認識，基本上是在一種主、客對立的結構上成立的，即是以認識者作為主體，以被認識的事物作為客體。同時有時、空的限制，也受概念或範疇（categories）所制約。在這種結構當中，認識者與被認識的事物都屬於現象（phenomena）的層面。至於般若智，按照經上所述，菩薩在修行中發揮般若智時，「不見有菩薩，亦不見字，亦不見般若波羅蜜，悉無所見，亦不見不行者。」這裏的「字」表示名相或概念，「不行者」指他者。若以世俗智看，菩薩本身是認識的主體，而字、修行和他者都是被認識的對象。但菩薩以般若智觀照時，則不見菩薩自己，亦不見名相、般若波羅蜜的修行和他者，這表示沒有能認識的主體，亦沒有被認識的對象。為什麼沒有主體和對象呢？引文解釋說：「菩薩空字，亦空空。」當我們以世俗的智慧對事物進行認識時，認識的結果就是「字」，即

3　Motilal Banarsidass Publishers Private Ltd., 1993, pp.425b-c, 619b, 815c.
　關於波羅蜜多的詳情，參看吳汝鈞編著《佛教思想大辭典》（臺北：臺灣商務印書館，1992），頁 319a-b。

名相或概念。那是對同類事物進行抽象化、概念化的結果。如果以世俗的眼光看，這些概念是代表一些實在的東西。而「菩薩空字」則表示菩薩在般若智的觀照下，認識到這些概念都是空的（śūnya），即是說，這些概念並不代表著任何實在的東西。「空空」（śūnyatā-śūnyatā）意思是認識到空是空的，即是認識到「空」（śūnyatā）本身亦只是一個概念，並沒有對應於「空」這一概念的實在物。

「五陰」（pañca-skandha）包括了現象界一切事物，當中有物質性的事物，即色陰，以及精神性的事物，即痛、想、行、識陰。[4]引文說「無有五陰」，又說「五陰則是空，空則是五陰」。從世俗的認識來說，我們認識的對象都屬五陰，五陰有形有相，所以都是存在的，即是有。但在般若智的觀照下，則「無有五陰」，這表示般若智照見的，並不是五陰的形相。它所見的，是五陰的普遍性格，即是空的本質，所以說「五陰則是空」。接著又說「空則是五陰」，原因是「但字耳」。「空」只是一個名相，而名相本身亦是五陰，是識陰的對象面。這裏表示，「空」並不能代表著那種作為一切事物的共同本質的性格，因為「空」亦只是「字」，即是名相。而那種在般若智觀照下呈現的事物的共同本質是不能以「字」來表示的。在世俗的認識中，所有對象都經過處理而成為概念。但般若智所照見的空性，即事物的共同真實性格則不是概念。可見般若智的觀照是一種非概念化的認識，或超概念的認識。除了「空」以外，「道」、「菩薩」、「五陰」等亦都只是名相，並非實在的事物。引文最後提到，一切事物的真實性格是「亦不生，亦不滅，亦無著，亦無斷」。生、滅、著、斷都是事物在現象界表現出來的狀態，在知識論上可

4　痛陰一般作受陰。受分苦受、樂受、捨受。痛是一種苦受。

說為範疇，但這些狀態並非事物的真實性格。而般若智照見的是事
物的真實性格，所以亦有別於事物在現象界的表現。引文以否定方
式來表達真實性格，顯示出這種性格不能正面地、直接地以概念來
表示。而概念的本質是有規限性和相對性的。般若智的境界超越概
念的規限性和相對性，它是無限和絕對的。

> 2. 菩薩行般若波羅蜜者，亦不念有法合與不合，等與不等。
> 所以者何？以不見法合，亦不見法等，是為應般若波羅蜜。
> 菩薩行般若波羅蜜者，亦不念我當疾逮覺法性，亦不不逮
> 覺。何以故？法性者，無所逮覺是為合。（大 8.6c-7a）

引文首先提到關於事物與事物間的關係。在一般世俗的認識
中，對象事物（所知，jñeya）間有著合或不合、等或不等的關係。
但引文指出，菩薩在般若智的觀照中，不見事物間有所謂合與不合、
等與不等的關係。這裏運用了雙邊否定的方式來顯出般若智的超越
性，超越世俗認識對事物的自性執著。我們知道，在一般世俗的認
識中，兩件事物若非「合」就必是「不合」，非「不合」就必是「合」；
若非「等」就必是「不等」，非「不等」就必是「等」，沒有第三
種可能關係。此中的關鍵在於，在世俗的認識中，總是對事物有執
著，有對自性（svabhāva）的執著。所形成的概念，都關連著自性，
以為相應於概念，在外邊都有其自性存在。因此這些概念，都是決
定的概念（determinate concept），「決定」是為自性所決定的意思。
「合」與「等」都是這樣的概念。若從自性的角度來看與概念相連
的事物，則由於自性是絕對的整一體，不能分割成部分，因此事物
間的關係，便只能有兩種。自性相同，事物便是完全相同，這便是

「等」，便可「合」。自性不同，事物便完全不同，這便是「不等」、「不合」。沒有第三種關係。因這第三種關係是介乎完全相同與完全不同之間的，即有相同亦有不同的情況，這要預設自性可以分割成部分才可能。但這是不可能的，自性依定義是不能分割的。但在般若智的觀照下，情況便完全不同。般若智並不執取事物為有自性，而是知它們是空，是無自性的。因此所形成的概念，都是非決定的概念（indeterminate concept）。即是說，這些概念都不為自性所決定，它們所指涉的事物都是無自性的，是緣起的。若是緣起，則事物可分割成部分。這樣，相互間的關係，便不限於完全相同和完全不同兩種，而是有第三種可能的關係。即是說，在等與不等、合與不合的關係之外，有第三種可能關係。故引文說般若波羅蜜「不念有法合與不合，等與不等。」[5]

以上提到的是般若智對事物方面的無執，即是排除了世俗認識中的法執。引文接著進一步提及般若智摒除世俗認識中的我執。在

---

[5] 這裏說「決定的概念」與「非決定的概念」中的「決定的」（determinate）的意思，是指來自自性的決定，故是存有論的意味。《般若經》（*Prajñāpāramitā-sūtra*）所說的「般若波羅蜜中無決定法」（《八千頌》*Astasāharsikā-prajñāpāramitā*，大 8.562a）中的「決定」，亦是指自性的決定。「決定法」即指具有自性的事物，這在般若智中是不存在的。這「決定的」不同於康德在《純粹理性批判》（*Kritik der reinen Vernunft*）中所說「未決定的對象」（unbestimmte Gegenstand）中的「決定的」（bestimmt）的意思。（I. Kant, *Kritik der reinen Vernunft*, Frankfurt am Main: Suhrkamp, 1977, S.69）康德所說的「決定的」是指來自概念或範疇的決定，「未決定的」則是指在感性直覺中的那種未決定性，因其中沒有概念或範疇的作用之故。故康德的「決定的」是認識論意味。

世俗認識中，我們總是執著自我為有自性的東西，以此為認識的主體。而相對於自我的東西都會被視為有自性的對象去處理。對於我們的對象，如果達到了解，這就謂之「逮覺」；如果不達到了解，就謂之「不逮覺」，沒有第三種可能的情況。但引文指出，在般若智的觀照中，「亦不念我當疾逮覺法性，亦不不逮覺。」這表示，般若智的觀照超越了世俗知解的具有對象性的認識。即是說，般若智的觀照雖然以「法性」作為「對象」，但這種「對象」實際不具有世俗知解的那種對象性。在世俗的認識中，自我作為主體，與作為客體的對象互相對立，兩者都以自性說。但在般若智的觀照中，摒除了對自我自性的執著，在無我執的情況下，主、客對立的關係亦被取消，般若智與法性冥合為一，超越了自我和對象的區分。在這種情況下，法性並不是般若智逮覺的對象，所以引文說，「法性者，無所逮覺是為合。」這裏所說的「合」，與上文提到「亦不念有法合與不合」當中的「合」在層次上不同。「合與不合」所說的是事物之間相對性的關係，而「無所逮覺是為合」是指出般若智與法性超越相對性，在絕對的層面中冥合為一的關係。

3. 行般若波羅蜜菩薩，不見有法與法性別者，亦不見合。亦不念言，法性作若干差別，是為菩薩一切皆合。亦不作念言，是法於法性現，亦不不現。何以故？初不見於法性現者，當知是則為合。（大 8.7a）

這段文字講述在般若智的觀照下，法（dharma）與法性（dharmatā, dharmatva）之間的關係。引文指出，「行般若波羅蜜菩薩，不見有法與法性別者，亦不見合。」「別」表示別異；「合」表示同一。

若從自性的角度看，事物間的關係若非完全別異，就是完全同一，沒有第三種可能情況。自性地別異表示沒有任何共同之處；自性地同一則表示完全沒有分別。但在般若智的觀照下，法與法性亦不是自性地別異，亦不是自性地同一。這表示般若智破除了自性的封著，而見到事物間的第三種關係，這種關係就是非別非合，兩者宛然相異，又宛然同一。這其實指法與法性的相即不離而又不混同的關係。法性是法的法性，法性不能外於法而有其性（本質），這是「非別」。法是現象，法性是本體，二者各有不同領域，這是「非合」。非別也好，非合也好，法與法性都是空無自性。

引文再說「亦不念言，法性作若干差別，是為菩薩一切皆合。」這「合」跟上面所說的「合」的意思不同。上面的「合」是與「別」相對的，表示從自性的角度看事物間的兩種可能關係的其中一種。而這裏的「合」有著更高層次的意義，表示一種絕對的、無差別的、整一的狀態，亦就是般若智觀照法性所見的狀態。即是說，法性是一如的，任何法的法性，都是空，此中無任何差別。菩薩若能這樣看一切法的法性，便能契入法性中，與法性合一，所謂「一切皆合」。

引文最後提到「亦不作念言，是法性現，亦不不現。」然後解釋說「初不見於法性現者，當知是則為合。」這裏進一步描述般若智觀照法與法性的相即不離而又不混同這一脈絡說下來的。一般的依時、空、範疇對法的認識不是把法與法性混同起來來認識，便是把法從法性抽離開來、孤立地認識。前者是「法於法性現」，後者是法不於法性現。經文認為，這兩者都不是般若智的認識方式，後者是超越「法於法性現」與「不現」的。此中的關鍵是，法是個別的（individual）、特殊的（particular），法性則是普遍的（universal）真理，但法是法性的法，法性是法的法性，二者有清楚的界線，不

能混同，同時又有密切的關係。這便是相即不離而又不混同的關係。般若智應能對法與法性的這種關係，有恰當的理解。不作「法於法性現」，是不混同二者；不「不現」，是不孤立法，不使它脫離於法性、不現於法性來了解，而是在與法性有密切聯繫下了解法。這樣，般若智便能同時理解法的特殊性與法性的普遍性。二者都不作自性觀。[6]

《放光般若經》續說的「初不見於法性現者，當知是則為合」則是表示般若智能同時觀取法的特殊性與法性的普遍性，而表現綜合智慧的功能。「不見於法性現」是不把法與法性混同起來，而作「一合相」的觀照。而是把法的特殊性與法性的普遍性分開，而又同時把得，這便是「合」。合特殊性與普遍性而為一也。

> 4. 菩薩行般若波羅蜜，以發等意。於一切人發等意，已便得一切諸法等。已得諸法等，便能等意於一切法。（大 8.10a）

---

[6] 關於對法的特殊性與法性的普遍性作同時的把握，《放光般若經》都將之放在般若智之下來處理。並未有作精細的區分。唯識學後期的護法在《成唯識論》中說轉識成智，把智作精細的區分，分為成所作智（kṛtyānuṣthāna-jñāna）、妙觀察智（pratyavekṣaṇā-jñāna）、平等性智（samatā-jñāna）和大圓鏡智（ādarśa-jñāna）。其中，妙觀察智觀取諸法的特殊性格（particularity），平等性智觀取諸法法性的普遍性格（universality），而大圓鏡智則是這二者的綜合，能同時把得法的特殊性格與法性的普遍性格。很明顯，《放光般若經》所說的般若智，是護法的這三種智的總合。這是由於《放光般若經》是早期的文獻，對智的理解較為粗略，不及後期唯識學般精細。但有一點還是不變的：般若智和大圓鏡智等智，都是睿智的直覺，而不是感性直覺。

　　這裏所說的「意」是意義內容的意思，它可有兩方面的涵義：第一方面是認識論的涵義；第二方面是價值上的涵義。從認識論上說，般若智照見一切人，以至一切法，所認識到的是一切法的平等性，而這平等性是從一切法無自性空的共同本質來說的。倘若從現象的角度看事物，各樣事物只有各自的特殊性，各自有自身的關係網絡，沒有任何共通之處，這樣就無從說平等性。[7]但般若智照見一切人，以至一切法的無自性空的本質，這種本質共通於一切法，由

7　這裏要注意，特殊性是就現象說的。現象本身的經驗性格，如色、聲、香、味、觸、形狀，以至形式上的時間性、空間性和因果關係，都可以各自不同，因而現象可各有其特殊性。從自性言，各種事物只有同與不同或相異兩種情況，而且是完全相同與完全相異。因就定義言，自性不是緣起法，因而是一個絕對的整一體，不能分割成部分，它不受時間、空間的限制，又不在因果關係的網絡中，故只有完全相同的自性，或完全相異的自性兩種可能。而以自性言的事物，亦只能有完全相同和完全相異兩種情況，不能有第三種情況，亦即是部分相同部分相異的情況。這第三種情況，是要以事物可以分割成部分為前提的。依於這前提，各種事物可以有無窮的分割方式，因而事物間可以有無窮種部分相同部分相異的情況。這便使事物千差萬異，而各有其特殊性。這種不能分割成部分的特性，與可分割成部分的特性，對判別自性與現象的分野，非常重要。現代學者中，就淺見所及，能注意到這點的，除筆者外，只有日本的梶山雄一。關於筆者的詮釋，可更參考拙文〈龍樹的空之論證〉（載於拙著《印度佛學研究》〔臺北：臺灣學生書局，1995〕）及拙著《龍樹中論的哲學解讀》（臺北：臺灣商務印書館，1997），此書多處論及此點。梶山的詮釋，則參考他的〈瞑想と哲學〉一長文（載於梶山雄一、上山春平著《空の論理：中觀》，佛教思想 3〔東京：角川書店，1969〕。中譯有拙譯《龍樹與中後期中觀學》〔臺北：文津出版社，2000〕。）筆者的說法，遠較梶山的為詳盡。

此就可說平等性。所以般若智所達到的認識——意,是「等意」。

從平等性的認識這種認識論涵義,可引伸至價值上的涵義。由於這種認識是著眼於事物的共同性上,我們不會由此產生對事物高低不同或正反不同的價值取向。倘若從現象的角度看,各種事物只有各自的特殊性與關係網絡,而各自特殊的性格會對認識者產生不同的意義,認識者會對它們採取不同的價值取向。但般若智以平等性的意識為基礎,就會進一步發出平等的價值取向。這樣,對於一切人,以至一切事物都不會發出正反不同或高低不同的價值判斷。這就是「等意」的第二方面涵義。

> 5. 行般若波羅蜜菩薩摩訶薩,不於有為性中現般若波羅蜜,
>   亦不見菩薩,亦不見菩薩字,亦復不於無為性中見。所以
>   者何?須菩提,菩薩摩訶薩行般若波羅蜜,於諸法無想念
>   故。（大 8.11c）

菩薩在般若智的觀照中,不於有為性（saṃskṛtatva）中見般若波羅蜜,亦不見菩薩,亦不見菩薩字,亦不於無為性（asaṃskṛtatva）中見般若波羅蜜。若以相對性的認識來說,般若波羅蜜應是能知的智,菩薩是認知者自身的相狀,菩薩字是自身的概念。認知者自身的相狀和概念,在這種認識格局中,都成為所知的對象。引文指出,在般若智的觀照中,無論在有為性或無為性中,皆不見能知的智,亦不見所知的相狀或概念,原因是般若波羅蜜於諸法無想念。「想念」（saṃjñā-smṛti）是對對象相的攝取。在般若智的觀照中,於諸法無想念,表示般若智的觀照並不是在能知與所知的相對格局中進行,並不建構因而執取對象。然而,無想念並不等於無知。般若畢

竟是智，能知才能稱為智。無想念只是不將事物放在相對的形式中
來認識它們的相狀，不取對象相，並不表示不以其他形式來知。所
以，我們只可以說般若沒有對象性的知，但不能說是絕對無知。般
若的知，是一種超越的知，經文說：

> 菩薩行般若波羅蜜，為已盡超越諸法之相。超越已，亦不見，
> 亦不斷。（大 8.11c）

所謂超越，表示超越諸法之相。諸法之相是緣起的現象，超越這些
現象，即是達到了存在事物的自身（Dinge an sich）。所謂達到存在
事物的自身，意思是能知的智與所知的事物自身結合，成為一種沒
有能知、所知的區分的狀態。這樣達到的知，不是對象性的知。所
以，般若沒有對象性的知，但有超越的知。

引文中的「亦不見」，在另一版本作「亦不著」。[8]著和斷都是
對諸法之相而說。對諸法之相起執，以為是實在的，因此為諸法所
繫，這是著於相；同樣是對諸法之相起執，但恐怕被諸法所繫，因
而要斷絕諸法，這是斷。前者是一般凡夫對諸法之相的態度，後者
是小乘人的態度，兩者都同樣有執。般若超越諸法之相，達到事物
的自身，故能夠體會諸法之相，即現象的虛幻性，由此不會執著於
相。由於無執，所以不著亦不斷。這表現出般若思想對現象世界不
著不捨的精神。

6. 佛言：菩薩摩訶薩以薩婆若意，不入於諸法而觀諸法之性，

8　參考大 8.11 註 12。

而無所倚；亦復教他人，令不入於諸法而觀諸法之性，而
無所倚；是為菩薩摩訶薩般若波羅蜜，是為菩薩摩訶薩摩
訶衍。（大 8.22c-23a）

薩婆若（sarva-jña）又譯作一切智。一切智是般若智的一方面
功能，能照見諸法的共通性（universality），即空性（śūnyatā）。
引文說，菩薩以一切智，不入於諸法而觀諸法之性。「諸法之性」
就是空性。「不入於諸法」表示不著於各各事物之相。「無所倚」
即是不偏於個別事物。事物現起成各各的相狀，若執著於事物之相，
就不能認識事物的本質。這本質共通於一切事物，是諸法之性，亦
就是空性。所以，不著於各各事物的相狀，才能觀照事物的共同本
質。這就是一切智的功能。能夠以一切智觀照諸法的空性，是為般
若波羅蜜。再者，如果能夠教化他人亦以一切智觀照空性，則是為
「摩訶衍」（Mahāyāna）。摩訶衍意思是大乘。大乘佛教以渡化眾
生為目標，所以，能夠教化他人成就般若波羅蜜，就是大乘。[9]

7. 舍利弗問須菩提：菩薩摩訶薩，何以故，行般若波羅蜜亦
不見般若波羅蜜？須菩提報言：以般若波羅蜜狀貌本實不
可得見故。何以故？所有者無所有故。是故行般若波羅蜜
無所見。所以者何？菩薩悉知諸法所有，無所有。（大 8.16a）

---

[9] 這樣說大乘，不單是就認識論方面觀照諸法的實相來說，同時也就教
化眾生的救贖（soteriology）方面來說。這樣，大乘目標的實現，不單
涉及觀解，同時也涉及行動。

引文說「般若波羅蜜狀貌本實不可得見」，又說「所有者，無所有」。從認識的角度來說，某事物的狀貌不可得見，就是說某事物沒有對象相，即是該事物不成為認識的對象。這裏所說的認識，是指一種有著主體和對象的、相對性的認識。般若波羅蜜狀貌本實不可得見，表示般若波羅蜜不落入相對性的認識的範疇中。然而，「不可得見」並不表示一無所有。「所有者，無所有」中的「所有者」顯示般若波羅蜜是有「所有」的，並不是一無所有，而它的所有就是「無所有」。在引文中，這「無所有」是用以解釋為何般若波羅蜜狀貌不可得見，所以「無所有」只表示在相對的認識來說是無，即是既不是這種認識中的主體，亦不是當中的對象，但這不表示般若波羅蜜為虛無，因為在相對性的認識範疇以外，仍有絕對性的存有。引文繼續說：「行般若波羅蜜無所見。」這顯示般若波羅蜜是一種能觀的智，但是這種智並無所見。若作為一種相對性的認識主體，就必須有所見。因為必須具有被認識的對象，才能確立認識的主體。般若波羅蜜無所見，所以它本身不是一個認識主體。由此可見，這種能觀的智超越於相對性的認識途徑，而以另一種方式觀照。引文最後說：「菩薩悉知諸法所有，無所有。」菩薩以般若波羅蜜觀照諸法，然而，所照見的並不是諸法作為認識對象的相狀。在一般認識活動中，諸法成為了認識的對象，而主體所認識的就是諸法的對象相。「諸法所有，無所有」表示諸法不是一無所有，它是有「所有」的，而它的所有就是「無所有」。這「無所有」表示沒有作為認識對象的相狀，但不是虛無。菩薩行般若波羅蜜，悉知諸法為有「所有」，但無對象相，這顯示諸法並非在相對的格局中為般若智所觀照。

從這段文字可見，般若波羅蜜作為能觀的智，本身無形無相，

不可得見。這無形無相指沒有相對性的認識中的對象相。般若波羅
蜜亦無所見，即是沒有攝取事物的對象相。所以在般若的觀照中，
事物也沒有對象相。然而，這不代表能觀的般若和所觀的諸法均是
虛無，因為兩者都是有「所有」。但這「所有」是超越於相對性的
認識範疇，即是在絕對的境界中。在絕對的境界中，能觀的般若是
智，所觀的是諸法的自身，即是實相。

8.　須菩提白佛言：菩薩行般若波羅蜜時作是觀：是時亦不見
　　色，亦不入色，亦不生色，亦不住色，亦不言是色。（大
　　8.35b）

　　這段文字描述行般若波羅蜜時所觀的五蘊的狀態。在觀照當
中，「亦不見色，亦不入色，亦不生色，亦不住色，亦不言是色。」
「不見色」表示所觀的色沒有對象相。由於般若的觀照並不是一種
主、客相對的認識，所以色不成為認識中的對象。故此，在觀照中
不見色。「入色」意思是去了解事物。由於在般若的觀照中，色不
成為認識中的對象，所以亦不會對色進行了解，這就是「不入色」。
「不生色」表示沒有事物生起和滅去，也不建構對象。「不住色」
表示不為事物所牽引而住著於事物之中。這都是由於不以事物為認
識的對象。「不言是色」表示不以為事物是真實的存在。在一般的
認識中，主體執著於對象的相狀，會以為對象事物為真實的存在。
但在般若的觀照中，般若與事物並不以主、客的形式區分，故事物
不會成為認識對象，亦即沒有對象相。事物無對象相，故般若不會
執著對象相以為是真實的存在。

　　在般若的觀照中，不單色沒有對象相，痛、想、行、識也是一

樣沒有對象相。所以,般若觀照五蘊是超越於一般相對性的認識,不以主、客區分的形式而進行。

9. 菩薩行般若波羅蜜作是觀,使法法相續,法法相得,皆使具足。菩薩於念亦無吾我,若作異念,不應道念。拘翼,以不等念意,於道亦不可見,亦不可得。道無意念,意亦不可得,亦不可見。拘翼,菩薩行般若波羅蜜,當作是觀,於諸法無所得。(大 8.38b-c)

「法法相續」、「法法相得」和「具足」都是在般若波羅蜜的觀照下,諸法所呈現的狀態。「法法相續」表示事物與事物之間互相連繫。每種事物都不能完全離開其他事物而獨自存在。若從自性的角度看,事物都是獨立自在的。所以法法相續表示無自性。在般若的觀照中,事物都呈現無自性的狀態,這即是空的境界。在這空的境界中,法與法之間除了是相續之外,還是「相得」,而且諸法皆是「具足」。「法法相得」表示每一事物都包含其他一切事物,同時亦為其他一切事物所包含。這即是每一法都具足一切法。諸法皆是「具足」,表示每一事物都有著本身的完整性。每一種事物並不由於與其他事物互相包含而失去了本身的完整性。每一事物仍然是它自身。

對於這種法法相續、法法相得,以及諸法各自具足的狀態,西谷啟治有很精彩的發揮。他稱這種狀態為事物的回互相入。回互相入是在空的場所中,事物與事物之間的關係,即相當於華嚴宗所說的相攝相入的關係。在這種關係中,事物都不以實體的姿態呈現,因為如果事物為實體,則種種事物都獨占自在,沒有相攝相入的關

係。事物以非實體，同時亦不是虛無的姿態呈現，各種事物互相攝藏，但同時，各事物又保持著自身的完整性，這就是回互相入的關係。[10]

引文繼續說：「菩薩於念亦無吾我，若作異念，不應道念。」這是指出在般若的觀照中，主體方面的狀態。然而，所謂主體，只是從第三者表述的角度而言，在般若的行者而言，並沒有主體意識。在一般認識的情況之下，認識主體可以意識到自己正在觀察或思考某些對象。但在般若的觀照中，若有主、客區分的意識，即「異念」，就與般若的觀照不相應，因為般若並不是以主、客二分的形式來觀照事物的。

在般若的觀照中，「不等念意」亦不可見，亦不可得。「不等念意」指一種認識，在這種認識中的事物有著大、小、方、圓等差別。「亦不可得，亦不可見」顯示在般若的觀照中，所觀的一切事物都是平等的。這是由於般若照見一切事物的共同本性，即是空。所以一切事物沒有差別。

引文繼續說：「道無意念，意亦不可得，亦不可見。」「意」在認識活動中，有著思考、概念化的功能。在般若的觀照中所起的念是道念，「道」就是般若的觀照。道無意念表示在般若的觀照中沒有思考、概念的作用，因為這些作用只在相對性的認識活動中才有。總括來說，在般若的觀照中，於諸法無所得。這表示不把諸法當作對象來處理，因為有所得就必須有對象，既然無對象，故無所得。

這段文字對般若的觀照有很全面的描述。首先是所觀的諸法的

10　參考《京都學派哲學七講》（臺北：文津出版社，1998），頁 140-143。

狀態,即法法相續,法法相得,以及各自具足。跟著是否定一般相對性認識的特徵,包括主體意識,主體、客體的區分,認識對象的差別性,以及思考、概念化的作用。否定這些特徵,即表示般若的觀照超越於一般相對性的認識。

10. 我所說者常不見一字,教亦無聽者。何以故?般若波羅蜜者,非文字,亦無聽聞。何以故?諸天子,諸如來無所著,等正覺,道亦無文字。(大 8.39c)

引文指出,說般若波羅蜜者,沒有說一字,亦沒有聽者。原因是般若波羅蜜非文字,亦無聽聞。在本經中,菩薩雖然說了很多關於般若的事情,例如般若是什麼,般若觀的是什麼等等。但這裏強調一點,就是菩薩所說的沒有一字。這句說話基本上是矛盾的,因為若要「說」,就必定有「字」;無一字就沒有所說。要理解這句說話,就必須從它的功用上說。菩薩說般若,要運用語言、概念,為的是渡化眾生,所用的是一種權宜的法門。這裏指出,菩薩所說的沒有一字,表示般若本身不就等於這些語言文字,所以不應執著這些語言文字來了解般若,而必須離開對文字的執著才能體證般若。另外,「教亦無聽者」,這是在菩薩的觀點來說,並不是說沒有眾生得到渡化。在菩薩自己的立場來說,在說般若時,並沒有想自己正在教導眾生。因為若有這種想法,就會執著於所行的功德,這就不能體證般若。

引文最後說:「諸如來無所著,等正覺,道亦無文字。」「無所著」就是不著於任何事物,包括語言文字。不著文字才能等正覺,即是能體證平等、真實,這種體證就是以般若來觀照,所以般若的

觀照無執於文字。

> 11. 當於何所求般若波羅蜜？亦不於五陰中求，亦不離五陰中
> 求。何以故？拘翼，般若波羅蜜、五陰，是法亦不同，亦
> 不異。亦無有形，亦不可見，亦無有礙。一相，一相者則
> 無相。（大 8.42a-b）

引文指出般若波羅蜜亦不於五陰中求，亦不離五陰中求，原因
是般若波羅蜜與五陰亦不同、亦不異。倘若般若波羅蜜與五陰相同，
則應於五陰中求；如果般若波羅蜜異於五陰，就應離五陰中求。然
而，般若波羅蜜與五陰亦不同、亦不異，這表示般若波羅蜜不離五
陰，但亦不就是五陰。五陰包含了現象界中一切物質性和精神性的
存在，般若波羅蜜不同於五陰，表示般若不等同於現象界的存在。
同時，般若亦不異於五陰，這表示般若亦不是獨立於現象界之外的
存在。

這段文字所提出的，是般若和五陰的存在問題，特別是兩者在
存在上的關係問題。引文指出兩者亦不同、亦不異。如果在同一的
存在層面上說，此二者的關係是不能理解的。五陰是現象界的存在，
倘若般若同樣是現象界的存在，則它們只可能或是相同，或是相異。
但引文說兩者是亦不同、亦不異，這正好否定了同或異的關係，同
時即是否定了般若與五陰為同一層面的存在。所以，要了解二者的
關係，必須從兩層的存在來看。五陰是現象，般若就必定是超越於
現象層面的，這樣才能夠同時否定現象界中的同、異關係。所以，
般若與五陰的關係，就是兩層存在的關係。這兩層存在，現象與超
越亦不同、亦不異。超越不等於現象，故不同。但超越亦不是在時

空上外在於現象界，故亦不異。[11]

引文繼續說「亦無有形，亦不可見，亦無有礙」，這是指著般若而說，指出般若沒有對象相。般若是「一相」，「一相」的「一」表示無對。現象界事物的相狀都是在相對之中顯出的，若無對就不能顯出相狀，所以一相則無相。般若為一相，故是無相。

參考用書

1. 三枝充惪著〈初期大乘佛教の認識論〉，三枝充惪編集《講座佛教思想第二卷：認識論、論理學》，東京：理想社，1974。
2. 牟宗三著《現象與物自身》，臺北：臺灣學生書局，1975。
3. 吳汝鈞編著《佛教思想大辭典》，臺北：臺灣商務印書館，1992。
4. 吳汝鈞著《印度佛學研究》，臺北：臺灣學生書局，1995。
5. 吳汝鈞著《龍樹中論的哲學解讀》，臺北：臺灣商務印書館，1997。
6. 吳汝鈞著《京都學派哲學七講》，臺北：文津出版社，1998。
7. 梶山雄一著，吳汝鈞譯《龍樹與中後期中觀學》，臺北：文津出版社，2000。

---

[11] 龍樹《中論》說：「涅槃之實際，及與世間際，如是二際者，無毫釐差別。」（大30.36a）這就是說出超越界與現象界的不異的關係。雖然二者在性質上不同，前者是清淨，後者是染污，但兩者的範圍是同一的，故不能離開世間而實現涅槃。牟宗三先生在《現象與物自身》中指出：「我們只有兩層存有論：對物自身而言本體界的存有論；對現象而言現象界的存有論。前者亦曰無執的存有論，『無執』是相應『自由的無限心』（依陽明曰知體明覺）而言。後者亦曰執的存有論，『執』是相應『識心之執』而言。」這裏所說的本體界與現象界相應於般若與五陰，而二者的分別就在於無執與執。

8.　I. Kant, *Kritik der reinen Vernunft*. Frankfurt am Main: Suhrkamp, 1977.

9.　Sir M. Monier-Williams, *A Sanskrit-English Dictionary*. Delhi: Motilal Banarsidass Publishers Private Ltd., 1993.

第四章 《解深密經》

簡介：《解深密經》（*Saṃdhinirmocana-sūtra*）是唯識學的經典依據，玄奘譯。另外有菩提流支（Bodhiruci）的翻譯。這二本都是全譯的。另外，求那跋陀羅（Guṇabhadra，功德賢）有《相續解脫經》和真諦有《佛說解節經》，都是節譯。此經梵本已佚，但有漢譯與藏譯現存。

1. 六識身轉，謂眼識、耳、鼻、舌、身、意識。此中有識，眼及色為緣，生眼識。與眼識俱隨行，同行同境，有分別意識轉。有識，耳、鼻、舌、身及聲、香、味、觸為緣，生耳、鼻、舌、身識。與耳、鼻、舌、身識俱隨行，同時同境，有分別意識轉。廣慧，若於爾時，一眼識轉，即於此時唯有一分別意識與眼識同所行轉。若於爾時二、三、四、五諸識身轉，即於此時唯有一分別意識與五識身同所行轉。（大 16.692b）

「六識身轉」即六識的現起（saṃbhūti）。六識指眼、耳、鼻、舌、身、意。「有識」應指根本識（mūla-vijñāna），即第八識。以眼識來說，在現起當中，根本識以眼根和色境為緣而生起眼識，再與眼識一同作用，緣同一境而生起「分別意識」（vastu-prativikalpa-

vijñāna）。這「分別意識」就是具有分別作用的意識。此外，耳、
鼻、舌、身等識現起時的情況亦是這樣。這五識中，當只有一識生
起時，固然只有一個分別意識一同作用，就算是兩個或以上的識一
同生起，亦只有一個分別意識伴隨著，並不會有兩個或以上的分別
意識同時伴隨著前五識作用。

　　從這段文字可見，眼根和色境只作為緣，而生起眼識的主要因
素是根本識。另一方面，當前五識生起時，意識會伴隨著一同起作
用，而這意識亦是由根本識生起的。這裏特別稱意識為「分別意識」，
顯示出分別作用是意識所特有的，前五識均無這種作用。前五識只
能攝取對境的形相，而對這些形相進行分別則是意識的工作。所以，
必須有意識伴隨著前五識生起，才能對對象產生認識。這認識指經
過分別，即概念化而形成對應於對象的概念。

　　當前五識之中只有一個識體生起時，固然只有一個分別意識伴
隨而生起，可是當兩個或以上的感識一同生起時，例如眼識和耳識
同時生起時，照經文所說，仍然只有一個分別意識伴隨。如果是這
樣，按理我們在同一時間，不可能透過兩個或以上的感識去認識事
物。因為感識雖然一同生起，但具有分別能力的意識只有一個，在
一刻之中，只能伴隨其中一個感識進行認識活動。

　　2.　世尊，諸毗缽舍那三摩地所行影像，彼與此心當言有異？
　　　　當言無異？佛告慈氏菩薩曰：善男子，當言無異。何以故？
　　　　由彼影像，唯是識故。善男子，我說識所緣，唯識所現故。
　　　　世尊，若彼所行影像即與此心無有異者，云何此心還見此
　　　　心？善男子，此中無有少法能見少法，然即此心如是生時，
　　　　即有如是影像顯現。善男子，如依善瑩清淨鏡面，以質為

緣,還見本質,而謂我今見於影像,及謂離質別有所行影像顯現。如是此心生時相似,有異三摩地所行影像顯現。世尊,若諸有情自性而住,緣色等心所行影像,彼與此心亦無異耶?善男子,亦無有異。而諸愚夫由顛倒覺,於諸影像不能如實知唯是識,作顛倒解。」(大 16.698a-b)

慈氏菩薩(Maitreya)問世尊:在毗鉢舍那(vipaśyanā,又譯作「觀」)和三摩地(samādhi,又譯作「等持」,即「定」)中所見的影像,與心是有異或是無異。佛回答說:是無異。因為定中所見的影像亦只是識。這個為識所緣的影像,本身亦是識所變現的。慈氏再問:既然所見的影像與心無異,豈不是此心自己見到自己?佛回答說:在這當中沒有任何事物作為主體見到任何其他作為對象的事物,而是這個心生起時,同時就有這些影像生起。這種情況就好像在一塊鏡面前,某個東西能夠見到自己的影像,但這並不表示在這個東西之外別有影像,因為這個影像亦出於這個東西。同樣道理,這個心生起時就好像有另外一個對境出現,這個對境就是在定中所見的影像。慈氏再問:倘若一般有情眾生執著對象,以為它們具有自性,這時以事物為對象而產生的影像與心是否亦是無異呢?佛回答說:亦是無異。但這些無知的眾生不了解一切事物皆由識所顯現,對於影像產生顛倒見解,以為它們是獨立的、本身具有自性的。

這段文字顯示出作為對象的事物,其實亦只是識所顯的影像,這些影像不能離開識而獨立存在,而且它們本身就與識無異。這是所謂「我說識所緣,唯識所現」。這表示一般所說的外境,其實不是外在於主體的心識而存在的。但這並不是說這些境沒有實在性。

這些境的實在性相等於識的實在性，因為這些我們看來是外境的東西本身就是識。但倘若我們以為這些外境是獨立於識而存在的事物，這個對於外在事物的概念則是虛構的。

參考用書

1. 袴谷憲昭著《唯識の解釋學：解深密經を讀む》，東京：春秋社，1994。

2. 兵藤一夫著《初期唯識思想の研究：唯識無境と三性說》，京都：文榮堂，2010。

第五章
《阿毘達磨大毘婆沙論》

簡介：《阿毘達磨大毘婆沙論》（*Abhidharma-mahāvibhāṣā-śāstra*）是由所謂五百阿羅漢等造，玄奘漢譯。此論書梵文原典已佚，這裏用的是玄奘的翻譯。

1. 遍四大種造色身中，隨與觸合皆能生受。此說何義？此說身中遍能起觸，亦遍生受。彼作是念，從足至頂，既遍有受，故知色我在於受中。大德說曰：一切身分皆能生受。彼作是念，受遍身，有身之一分，是我非餘，是故受中得容色我。如受，乃至識亦如是。（大 27.37b）

　　這段文字解釋受（vedanā）、想（saṃjñā）、行（saṃskāra）、識（vijñāna）四蘊與物質性的，即屬於色蘊（rūpa-skandha）的我的關係。四大種是一切物質的基本原素；「色身」指我們的物質性的身軀。引文指出，這個由四大種構成的物質性的身軀，當中任何一部分與觸結合，都能生起受。觸（sparśa）是一種心所（caitasa），作用是與境接觸。由觸能生起受。由於整個身軀都能夠生起觸，所以由腳掌至頭頂都能生起受。論主由此推論，說整個物質性的我都

在受之中。[1]接著又引大德所言，進一步確定受包含了物質性的軀體，所以，這個受就是自我（ātman）。除受以外，其餘三蘊——想、行、識——都是遍於全身，所以亦同樣是包含了物質性的軀體。這表示受、想、行、識都包含著自我的軀體，這軀體是色。所以，色、受、想、行、識五蘊一同構成了具備物質性和精神性的自我。

2. 何故無一補特伽羅，非前非後二心俱生？答：無第二等無間緣故。謂心、心所法生，必依止等無間緣，既無第二等無間緣，故必無一補特伽羅，非前非後二心俱生。此復應問：何故無第二等無間緣？故復答言：有情一一心相續轉故。謂有情心，法爾一一相續而轉，無二無多。……有情一一心相續轉。謂一一有情，由法爾力，但有一心相續而轉。所以者何？未來心聚，必由現在和合故生，不和合則不生。現在但有一和合故，令未來心一一而起。（大 27.49b）

論主在這裏論證在一個補特伽羅（pudgala），即自我主體當中，不可能會有二心同時生起。他指出，由於心和心所生起，必定依止於等無間緣（samanantara-pratyaya），而等無間緣只得一個，所以在同一時間內只能生起一心。等無間緣是心和心所生起的四種因素，即所謂四緣之一，其餘三種因素是因緣（hetu-pratyaya）、所緣緣（ālambana-pratyaya）和增上緣（adhipati-pratyaya）。佛教認為，

1　這是對體用問題的一種獨特說法。身體是體，它的感受作用是用。整個身體都有受的作用，這是全體都是受、是用，因而說受或用包含身體或全體。

有情生命是由心相續地生起而形成的一個流程。在這個流程中，每個心的生起都在時間上佔據一點間隙，而這個間隙是由前心滅去而形成的。雖然有情生命總是心心緊接地相續著，不會出現間隙，但原則上，每一心在時間上都需要一個間隙作為生起的契機，所以此間隙的形成，即前心的滅去，成為後心生起的因素，這因素就是等無間緣。論主認為，由於等無間緣只有一個，所以不可能同時有二心生起。再進一步問：為什麼說等無間緣只有一個呢？論主首先回答說，有情的心自然地一個跟一個相續而轉生。然後再補充說，未來的心的生起，是由現在種種因素和合而形成的，倘若現在沒有構成心的因素的和合，則不能生起未來的心。由於現在只有構成一心的因素的和合，所以未來的心只能逐一地生起。

對於以上的論證，我們當然可以進一步追問：為什麼現在只有構成一心的因素的和合呢？但論主沒有繼續解釋，甚至認為根本無須再解釋，因為他認為這是自然的事。引文中提到「謂有情心，法爾一一相續而轉」，又說「謂一一有情，由法爾力，但有一心相續而轉」。「法爾」又作「自然法爾」，表示事物自然如此的狀態，即是說事物本身就是這樣。

這裏所說的「心」，連同心所一起說，而且是從補特伽羅中生起，以及依止於等無間緣，所以應是指六識心。[2]既然二心不能同時

---

[2] 後來唯識學派提出八識，當中的第八阿賴耶識（ālaya-vijñāna）是生起其餘七識的根本識，亦是生命的主體，所以應對應於這裏所說的補特伽羅。當然，兩者的性格仍有很大區別，例如阿賴耶識的內容是種子，即是潛藏的業力，而補特伽羅則是五蘊合成的，是沒有實在性的生死個體。前六識從第八識生起，而且連同相應的心所一起作用，所以對應於這裏的「心」。至於第七末那識（mano-vijñāna），則在本論中未

生起，即表示不能同時產生兩種認識。這種說法是小乘佛教一向主張的，例如在下面解釋《成實論》時會提到。但後來唯識學派卻認為八識可以同時生起，這點在以後討論《瑜伽師地論》及其他唯識典籍時，仍會再次提出。

> 3. 若內意處不壞，外法處現前，及能生作意正起，爾時意識生。（大 27.58c）

這裏指出意識生起的條件，這些條件共有三項：意處不壞、法處現前，以及作意正起。佛教所說的十二處包括內六處和外六處，內六處指六根，外六處指六境。這裏的「內意處」就是指意根。論主把意根視為物質性的東西，這點跟唯識學所說的不同。唯識學以末那識（mano-vijñāna）為意識的根。另外，在原始佛教的典籍，例如《雜阿含經》中，一般都只說根和境結合就能生起識，但這裏提出「作意」（manaskāra）亦是意識生起的條件。作意是心所（caitasa）的一種，作用是發動心，使它趨向於所緣的境。如果只說根不壞、境界現前，就能生起識，則這種認識可以是在被動的情況下生起的。但把作意亦視為生起識的條件之一，則認識必須是由主體發動才能構成的。這點有助於解釋在某些時候，我們的六根無損，而外界事物就在現前，但我們對於這些事物毫無知覺的情況，例如當我們集中地看書，聽不到身旁的聲音；又或是細心思考時，看不見眼前的

有提及。另外，本論中未有清楚區分心（citta）和識（vijñāna），但大致上可以見到心和識都是同一自體，從內在相續的作用來說稱為「心」，從認識事物的作用來說則稱為「識」。

事物。

4. 身力身劣，幾處攝？幾識識？答：一處攝，謂觸處；二識
識，謂身識及意識。此中身識唯了彼自相，意識了彼自相
及共相。（大 27.154c）

「身力身劣」是身體強健或虛弱的現象。引文指出，這種現象
是觸處所攝，即是一種觸境。而對於這種境進行認識的識有兩種，
分別是身識和意識。身識只能認識觸境的自相（svalakṣaṇa），而意
識則同時可以認識此境的自相和共相（sāmānyalakṣaṇa）。對應於觸
境的識是身識，故身識固然可以認識這種境。但意識亦能夠認識此
境，而且不單可以認識此境本身的獨特的相狀，更能把此境的某些
性質抽象化，成為與其他類似的境的共通的概念。這表示意識不單
只對應於抽象的法境，還會隨著其餘五識生起，去認識五識所對應
的具體的境。

　　這裏出現了一個問題：我們知道，當五根，例如身根接觸到對
境時，立刻就會生起身識，這身識能夠認識對境的自相，而這裏提
到意識亦能認識該對境的自相，那麼，在身識生起時，意識是否也
同時生起呢？本論前面（第 2 段）已提過，一補特伽羅不能同時有
二心生起，所以意識應不能與身識同時生起。如果意識在身識之後
才生起，即表示意識所認識的並不是現前的境，而是在前一瞬間與
身根接觸的境。意識所認識的既然不是現前的境，它怎能認識事物
的自相呢？[3]後來的唯識學認為諸識可以同時生起，所以在身識生

3　佛教因明學發展到唯識學派的陳那（Dignāga）時，把正確的知識歸納

起，認識現前境的自相時，意識也同時生起，來認識這現前境。另外，意識還能以比量作概念化和推理。所以，意識可有現量和比量，即是能認識自相，亦能認識共相，而沒有上述的問題。但論主認為二識不能同時生起，如何解決這個問題呢？法稱（Dharmakīrti）[4]採取與論主一致的看法，並且提出了解釋。徹爾巴特斯基（Th. Stcherbasky）在《佛教邏輯》（*Buddhist Logic*）中翻譯法稱的《正理一滴論》（*Nyāyabindu*）其中一句這樣說：

Mental sensation follows (the first moment of every) sense-cognition (which is thus) its immediately preceding homogeneous cause. (The latter) is cooperating with (the corresponding moment of) the object, (i.e., with that momentary object) which immediately follows the proper (momentary)

為兩大類：現量（pratyakṣa）知識和比量（anumāna）知識。現量是對現前境物直接的認識，所認識的是境物的自相；比量是間接的認識，所認識的是境物的共相。

4　法稱是繼陳那之後，最重要的佛教因明學論師，但他採取的立場是否與唯識學派一致，就很具爭議性。如果按照徹爾巴特斯基的理解，他的認識論就在很多地方與唯識學不一，例如在諸識能否一同生起，以及對境的實在性問題上，他的看法都有別於前此的唯識學。參考《佛教邏輯》（*Buddhist Logic*）, V.II, New York: Dover Publication Inc., 1962, pp.24-37. 印度學者辛格（Amar Singh）便曾多方面論證，表示法稱是經量部（Sautrāntika）的論師，不是唯識學派的人（Vijñānavādin）。參考他的《佛教哲學的核心：陳那與法稱》（*The Heart of Buddhist Philosophy: Diṅnāga and Dharmakīrti*, New Delhi: Munshiram Manoharlal Publishers Pvt. Ltd., 1984）。

object (of sensation).[5]

這段文字解釋法稱所說的四種現量的其中一種——意識現量
（mental sensation）。其餘三種現量是：五根現量（sense knowledge），
自證現量（self-consciousness）和瑜伽現量（intuition of the Saint）。
按照法稱的理解，意識現量是在五根現量的下一瞬間形成的。再用
上面的例子來說，身根在接觸到對境時，立刻就生起身識，去認識
對境的自相，而在接著的一瞬間，意識才生起來認識該境的自相和
共相。但意識在遲一瞬間才生起，它的認識怎能說是現量呢？徹氏
翻譯法上（Dharmottara）對這《正理一滴論》的注釋《正理一滴論
釋》（Nyāyabinduṭīkā）的解釋說，關鍵就在於 "immediate" 和
"homogeneous"。immediate 表示意識是緊接著身識而生起，中間沒
有任何間隙；homogeneous 表示身識的對象與意識的對象是同質
的。法上認為，這兩個緊接地連續的瞬間所起的認識（前一個是身
識，這無疑是現量，後一個是意識），前一個是外在的知覺（outer
sense），後一個是內在的知覺（inner sense），代表這個主體的同
一個認識活動的兩方面。從這個角度看，意識的這種認識是一種直
接的認識。[6]所以意識亦能生起現量。若按照這樣的解釋，即使論主
堅持二識不能同時生起，意識仍然能夠認識事物的自相。

5　*Buddhist Logic* V.II, p.26. 又參考渡邊照宏《正理一滴論法上釋和譯》，
　　載於《渡邊照宏著作集第七卷》（東京：筑摩書房，1982），頁 22。

6　*Buddhist Logic* p.27. 又參考渡邊照宏《正理一滴論法上釋和譯》，頁
　　22-23。

5. 轉變有二種：一者，自體轉變；二者，作用轉變。若依自
體轉變說者，應言諸行無有轉變，以彼自體無改易故。若
依作用轉變說者，應言諸行亦有轉變，謂法未來，未有作
用；若至現在，便有作用；若入過去，作用已息，故有轉
變。復次，轉變有二種：一者，自體轉變；二者，功能轉
變。若依自體轉變說者，應言諸行無有轉變，以彼自體無
改易故。若依功能轉變說者，應言諸行亦有轉變，謂未來
世有生等功能，現在世有滅等功能，過去世有與果功能，
故有轉變。復次，轉變有二種：一者，物轉變；二者，世
轉變。若依物轉變說者，應言諸行無有轉變，以物恆時無
改易故。若依世轉變說者，應言諸行亦有轉變，謂有未來、
現在、過去世改易故。（大 27.200a-b）

　　論主在這裏分開體和用兩面來說事物的轉變。他認為，從自體
上說，事物沒有任何轉變；只有在用方面來說，事物才有轉變。[7]從
用的存在與否方面看，未來的事物未有作用，即是還未現起為可被
接觸的現象；現在的事物有作用，可被我們接觸；到了過去，事物
的作用已停息。事物的用從不存在，至存在，再至不存在，故說事
物有「作用轉變」。從用的功能方面說，未來的事物有生的功能，
生表示生成為現象；現在的事物有滅的功能，滅表示現象消失；

---

[7]　引文說轉變有二種，並不表示有兩種轉變，而是指就關連到轉變、變
　　化這種題裁來說，有兩種不同的狀況：其一是不起變化，另一則是起
　　變化。不起變化的一方是就體（substance）言，起變化的一方則是就
　　用（function）言。而就用方面說的轉變，則分「作用」、「功能」和
　　「世」三者。

過去的事物有與果功能，即是能令其他事物生起成為現象。事物從未來至現在乃至過去，有不同的功能，所以說事物有「功能轉變」。再從用的時間性來說，事物從未來至現在再到過去，在時間上有改易，故說事物有「世轉變」。

這段文字顯出論主採取了「法體恆有」的觀點。他認為事物的出現，是該事物在自體上生起了作用，這作用可以被我們感知；事物的消失，是該事物的自體不再生起作用，令我們不能再感知它的存在，但該事物的自體並不因為生起作用與否，或我們對它感知與否而有任何轉變。這表示事物是客觀地、恆常地存在的。我們對事物的認知是依靠事物自體生起的作用，倘若該自體不生起任何作用，我們就不能對它認識，但這絕不影響事物自體的存在。既然事物的自體恆常地存在，則表示沒有任何因素可以影響該事物的存在性，即是說，該事物的存在條件是自足的。另一方面，我們對事物的認識，只是事物自體生起的作用被我們感知的結果，在這種認識關係中，真正成為認識對象的，只是事物的作用，不是事物自身。事物的這些作用，都是經驗的（empirical）性格，呈現在我們的感官面前，作為現象，如色、聲、香、味，為我們的感官，如眼、耳、鼻、舌等所認識。

按照論主的說法，在一般情況下，我們不能認識到事物的自體，這點與康德（I. Kant）的說法有點相近。康德也認為我們所認識的只是現象，不是物自身（thing-in-itself）。但為什麼我們不能認識事物的自體呢？在這個問題上，論主與康德就有很大分歧。康德認為，我們的知識是經過了主觀的構作而成，不是直接被給予的。在這主觀構作的過程中，感覺與料（sense data）被主觀的機能即感性（sensibility）、知性（understanding）、與構想力（imagination）

配置於時空、因果等範疇中，加以整合，才成為我們的知識。所以我們的知識是攙進了主觀因素在內，不單純是事物自身。而論主並沒有提及主觀因素對認識的影響，他認為我們從事物所感知的已經不是事物的自身，只是事物在自身上生起的作用，所以我們由此而起的認識也只能是事物的作用，它們是以經驗現象表現出來。這樣，論主似乎可以說我們的認識是客觀的，因為認識的對象是從外在被給予的，沒有主觀因素在內。

6. 心與心所相應，心所亦與心所相應，心所又得與心相應，唯心與心無相應義，一身二心不俱起故。（大 27.270a-b）

在第 2 段引文中，論主提到「心、心所法生，必依止等無間緣，既無第二等無間緣，故必無一補特伽羅，非前非後二心俱生。」這是以心依等無間緣而生，而後者在一時間中只有一種，故在一時間亦只有一心生起，不能有二心生起。但論主只指出二心不能俱生，至於心所能否俱生，卻未有清楚表示。這段引文就清楚表示心與心所相應，心所與心所相應，心所亦與心相應，只有心與心不相應。這「相應」的意思包含了時間上的相同。這種說法會引出一個問題：心和心所法都必須依等無間緣而生起，而論主又以無第二等無間緣為理由，說二心不能俱生，則為什麼心與心所、心所與心所卻能俱生呢？相信在這裏論主還須作出交代。

對於這個問題，一個可能的解釋是，心所不具有獨立的自體，它們以心作為自體，本身只是依附於心的一些作用。由於心所本身沒有自體，所以不妨礙心或其他心所生起。故此，心與心所、心所與心所能夠俱起。但這樣就要承認心所沒有實在性。後來的唯識學

認為，心和心所都由各自的種子生起（分位假立的心所除外）[8]，即是說，心所也有各自的自體（這自體不是常住不變的實在的自性 svabhāva）。在這種相對的實在性而言，心和心所是平等的。但從本論引文的意思來看，論主只把心執為實有，而心所卻不是獨立的事物，兩者在實在性方面是有區別的。即是說，本論對心所尚未有執實的傾向，到了唯識學，則以種子把心所執實。這是思想上的一個發展。[9]

> 7. 若執諸緣無實性者，應一切法皆無實性，四緣具攝一切法故。（大 27.283a-b）

在這裏，論主否定了各種緣（pratyaya）沒有實在性的說法，理由是各種緣可歸類為四種，而這四種緣概括了一切事物，如果說各種緣全都沒有實在性，就等於說一切事物全都沒有實在性。論主的意思是，這種情況是不可能的、不對的。由此可見，論主認為一切事物，或至少一部分必定具有實在性。

至於哪些事物為實在，哪些為非實呢？論主說：

---

8 分位假立的心所指某些以其他心所為自體，而在作用上假立另一名稱的心所。例如不放逸心所，無著的《顯揚聖教論》說：「不放逸者，謂總攝無貪、無瞋、無癡、精進為體。依此能斷惡、不善法，及能修彼對治善法。斷放逸障為業。」（大 31.481c）這類心所沒有獨立的自體，即不是由各自的種子生起。它們其實是其他某些心所一同生起時，聯結而成某些作用，依此作用而安立的一些名稱。《顯揚聖教論》共舉出十九種分位假立的心所。參考《大正藏》31.481a-483a。

9 唯識的這種執實，其中的「實」，仍是相對性的，不是指實在不變的絕對質體。因種子仍是剎那滅的，仍是生滅法，不是不變的自性。

> 若境非實，應不作緣生心、心所。若爾，應無染、淨品法。
> 補特伽羅定非實有，佛說無我、無我所故。（大 27.288b-c）

這裏表明境（viṣaya）為實在，因為若境非實在，應不能作為緣，生起心、心所。即是說，我們的認識必須以實在的東西作為對象，才能生起。論主在這裏以能夠構成認識作為理由，證明境為實在。這在認識論的立場來說，是明智的。但論主在這裏所說的「境」是指事物的自體還是作用呢？上文（第 5 段）提過，事物的自體沒有轉變，只有作用才會轉變。成為我們認識對象的境應是有轉變的，所以應指作用而言。[10]再者，如果境是指事物的自體，基於自體是恆常不變的，故此我們對它的認識亦應是恆常地出現的，這顯然與事實不符。所以，這裏所說，作為緣生起心、心所的境應是指作用而言。但這裏又說境是實的。如果說事物是實的，則實在的事物應是不變的，怎能說它有生、滅呢？這豈不成為一種斷滅論？對於這個問題，相信可有兩種解釋。第一種解釋是論主所說的「實」有兩層意義，一層是勝義層面，指一種恆常不變的性格，這是就自體而說；另一層是世俗或現象層面，指一種現象上、可被認知的性格。[11]另一種解釋是論主把自體和作用混淆起來，在說境為實在時，是就現象背後的實體而說；在說境作為緣，生起心、心所時，是指

10　以作用來說認識對象或境，總有不妥貼、不自然的意味。若就作用表現為現象的現象來說，便較妥當。

11　把實在的事物說為現象，表面似有矛盾，實則不然。實在可以指時空中的實在，這便是現象。若以超時空的性格來說實在，則後者便不能是現象。這個意思，觀念性比較深微，《大毗婆沙論》的思考，應未到這個程度。

它的作用而說。

> 8. 攝自性者，不待時、因而有攝義，是究竟攝。不待時者，
> 諸法無時不攝自性，以彼一切時不捨自體故。不待因者，
> 諸法無因而攝自性，以不待因緣而有自體故。（大 27.307a）

論主認為，一切事物都攝持它們本身的自性。這段文字是解釋
「攝」的意義。論主指出，不待時以及不待因而攝，才是真正的攝。
不待時表示事物在任何時間都攝持著本身的自性。即是說，事物對
自性的攝持不受時間限制。不待因表示事物不基於任何原因而攝持
本身的自性。不待時和不待因，表示事物攝持本身的自性是自然的，
它們原本就是這樣，無任何原因，亦無時間限制。所以，這種「攝」
是恆常的，而且是獨立的，不受任何因素影響。

從哲學解析的角度來說，事物攝持自性，是超越時空與因果等
一切範疇的。「攝」的活動自身固然是超經驗的，而所攝的自性也
是超經驗的。

> 9. 問：云何諸法各攝自性？答：自性於自性，是有、是實、
> 是可得故，說名為攝。自性於自性，非異、非外、非離、
> 非別，恆不空故，說名為攝。自性於自性，非不已有、非
> 不今有、非不當有，故名為攝。自性於自性，非增、非減，
> 故名為攝。諸法自性攝自性時，非如以手取食、指捻衣等。
> 然彼各各執持自體，令不散壞，故名為攝。於執持義，立
> 以攝名，故勝義攝唯攝自性。（大 27.308a）

　　這裏再進一步解釋「攝」的意思。「自性於自性」意思是自性對於事物本身，即是指自性與事物的關係。就實體的立場來說，自性本身就是事物，所以說「自性於自性」。這裏從四方面說「攝」的意義，首先，自性對事物是有、是實、是可得的。這展示非常明確的實在論（realism）立場。第二，在所處空間上，自性是不離開事物的，兩者之間沒有任何隙罅。「不空」指沒有空間上的隔閡。第三，在時間上，「非不已有、非不今有、非不當有」，即是說，自性是恆常地為事物所擁有。「已有」是過去有；「今有」是現在有；「當有」是未來有。事物在過去、現在、未來都擁有自性，沒有時間上的隔閡。第四，在量上，自性不同於一般事物，不會增加，也不會減少。它是不能割切或添加的。按自性有終極義，它自身是圓足的、整一的，無部分可言。這不難明白。倘若以現象來看自性，則它有量的性質，因而可分割成部分。這種思想，其後為龍樹的《中論》所繼承。事物與自性的關係具有以上四方面條件，就可說事物攝持自性。這樣的攝持，並非如以手取食，或以指捻衣服。以手取食或以指捻衣服是一件東西執取另一件東西。但事物攝持自性是各種事物各自執持自身的自體。自性其實就是事物自身的自體。各樣事物各自都具有一種力量或性向，去執持自體，令自體保持完整，不會散壞。這種執持就稱為「攝」。這「攝」是就執持而確立的名目。最徹底、最實在的「攝」，所謂「勝義攝」，就是攝自性。

　　以上兩段文字指出，各種事物都攝持自性，這自性就是事物自身的自體。可見論主認為一切事物都是真實地存在，而且恆常不變，不受時間、空間、因果律的限制。這是徹頭徹尾的實在論。事物這樣的狀態是自然而然的，沒有依靠任何因素造成。然而，這種狀態只是就事物自體而言，至於顯現出來，讓我們接觸到的現象就沒有

這樣的性格。現象只是自體的顯現，這顯現只是剎那生滅，沒有持久性。在這裏，我們可以看到佛教日後發展到有形象（sākāra）與無形象（nirākāra）的不同的兩系唯識學的痕跡。形象（ākāra）即是這裏說的現象。但不同的是，不管是有形象的唯識學，抑是無形象的唯識學，都不承認形象或形象之外的實在性。《大毘婆沙論》則不同，它是從外在實有的立場起家的。

> 10. 有法是眼識所依，非等無間緣，謂俱生眼。有法是眼識等無間緣，非所依，謂無間已滅諸心所法。有法是眼識所依，亦是等無間緣，謂無間已滅意界。有法非眼識所依，亦非等無間緣，謂除前相。乃至身識，四句亦爾。若法是意識所依，亦是等無間緣，有法是意識等無間緣，而非所依，謂無間已滅諸心所法。（大 27.369c）

這段文字介紹六識的所依和等無間緣。由於前五識所依和等無間緣性質相類，所以合起來說，並以眼識為例，成為以下四句：

一、所依、非等無間緣——眼根

二、非所依、等無間緣——無間已滅諸心所法

三、所依、等無間緣——無間已滅意界

四、非所依、非等無間緣——除以上三者其他東西

本論前面（第 2 段）提過，各識只能一一相續而轉。而第 4 段又提到，認識前五識的對境的識有兩種：一是前五識中一個對應的識，例如色境對應的眼識；另一是意識。五識只認識該境的自相，意識則能認識該境的自相和共相。按這種說法，任何一種感識生起後，必有意識生起，所以感識應不能連續地生起，兩個感識之間，

必夾著意識。由此可知,眼識的前念必定為意識。這樣,引文中的第二句,即眼識的非所依、等無間緣是無間已滅的前五識,就毫無意義。因為這種情況不可能出現。眼識的無間已滅心必定是意識。所以,眼識生起必定以眼根和意識為所依,並以意識為等無間緣。

引文繼續說,若某東西是意識所依,它亦是意識的等無間緣。而意識前念的感識,只能作為意識的等無間緣,而非所依。意識的所依應是意根。若意識的前念也是意識,則它的等無間緣就是前念的意識。若意識的前念是感識,則它的等無間緣就是感識。

> 11. 前五識身唯無分別。第六識身或有分別,或無分別,且在定者,皆無分別。不在定者,容有分別,計度分別遍與不定意識俱故。(大 27.374b)

這裏表明,分別(vikalpa)只為第六識,即意識所具有。意識有著兩種認識的狀態,一種是在定(samādhi)中的狀態,另一種是不在定中的狀態。在定的狀態中,意識所達到的認識都是無分別的。當不在定中,意識只能達到有分別的認識,因為「計度分別」必定伴隨著不定意識。

「分別」是構成概念的一種作用,只有意識具備這種作用。「不定意識」指主體不在定的狀態中所起的意識,這即是我們在日常狀態下的意識。這時的意識必定帶有「計度分別」。「計度」(kalpayati)是對事物進行思考,計度分別的結果是把對象執取為實有的東西。[12]

12　唯識學所說的三自性當中的遍計所執性(parikalpita-svabhāva)就是指由計度分別而成的執取的一種本質。

在日常的認識中，無論是五識中哪一種識的認識都必定有意識隨之而起，所以日常的認識都不能脫離計度分別，這表示這些認識都不能切中對象事物本身，而是已經被意識的作用所扭曲。

論主又指出，當主體在定的狀態中，所起的意識為無分別。這裏最重要一點是表明在定中不是沒有意識生起，這時仍會生起意識，但沒有計度分別的作用伴隨著。在沒有計度分別的情況下所達到的認識，應能切中對象事物本身。然而，論主在這裏未有指出在定的狀態中，前五識能否生起。如果前五識能在定的狀態中生起，則我們應在這種情況下，達致對物質性的東西的無分別的認識。這樣的無分別的認識應該如何理解呢？它的對象會是甚麼呢？論主沒有細說。我們可以暫且作這樣的理解，這種對象應是如唯識學的妙觀察智的無執的對象。但如果前五識在定中不生起，則只能達致對法境的無分別的認識。

12. 問：如是三世，以何為自性。答：以一切有為法為自性。如說自性，我、物自體相分，本性應知亦爾。已說自性，所以今當說。問：何故名世？世是何義？答：行義是世義。問：諸行無來無去，云何行義是世義？所以者何？諸行若來，不應有去，來相合故。諸行若去，不應有來，去相合故。復次，諸行若來，則來處應空缺；諸行若去，則去處應盈礙。是故尊者世友說言：諸行無來、亦無有去。剎那性故，住義亦無。諸行既無來去等相，如何立有三世差別？答：以作用故立三世別。即依此理，說有行義。謂有為法未有作用，名未來；正有作用，名現在；作用已滅，名過去。（大 27.393c）

　　論主在這裏表明了他的時間觀念。「三世」即過去、現在、未來，是我們對時間的一種概念上的劃分。論主認為，時間的本質是一切有為法。同樣地，時間的自體和相狀都是一切有為法。論主認為，時間是從有為法的作用上建立的，這點下文會再討論。

　　論主說「行義是世義」。「行」是五蘊中的行蘊，指的是念頭。所以論主所說的時間，是主體的一種念頭。這種念頭是依著有為法在作用上的變化而成立的。論主接著論證諸行無來無去，以指出時間亦無來無去。來、去是兩種不同的相，來是從某處向主體移近，去是從主體移往某處。論主提出，如果諸行從某處來，它們就不會去，因為它們有著來的相，這來相不會無故變成去相。既無去相，所以就不會去。同樣地，如果諸行往某處去，它們就不會來，因為它們有去相就沒有來相，無來相故不會來。在前一種情況下，諸行只會來，不會去，則它們由之而來的某處就會成為空虛。在後一種情況下，諸行只去不來，則它們所去之處就會盈滿、障礙。這兩種情況都是不合理的，所以諸行無來無去。此外，由於諸行是剎那顯現，所以亦無停住的情況。

　　既然諸行無來無去，時間亦應是無來無去，哪如何建立三世的差別呢？論主指出，三世的差別是在有為法作用上的差別而建立的。所謂作用上的差別，指作用所處的不同狀態，這有三種：作用未起、作用正起和作用已起。有為法的作用未起，稱為未來；正在起著作用，稱為現在；作用已滅去，稱為過去。這點牽涉到說一切有部的三世實有的觀念。這種觀念認為一切有為法都是實在的東西，它們在適當的條件底下會起作用，即是顯現為現象。我們所見的現象就是在顯現當中的有為法。這些東西的顯現只有一剎那，其後又會回復原來的隱藏狀態，但仍然繼續存在。論主的三世觀念就

是依著有為法的顯現來建立的。以有為法的顯現作為分界，從顯現中的有為法而建立「現在」的概念，這概念其實就是主體的念頭。從未顯現的有為法而建立未來。從顯現過後的有為法而建立過去。照這種說法，未來和過去都有無窮剎那，而現在則只有一剎那。三世實有的說法是就事物的存在而言，事物在未來和過去都是以隱藏的狀態而存在，在現在則以顯現的狀態而存在，但無論在哪一世，事物都是實質存在的東西。

這裏我們可以很明顯地看到，論主的時間觀，是實在論的，或實在主義的。時間的成立，是關連著有為法（saṃskṛta）的，與主體的觀念沒有關連。早期的人思想尚未成熟，往往依從這種素樸的路數來理解時間。

13. 若受在五識身，名身受；在意地，名心受。復有說者，諸受中無分別者，名身受；有分別者，名心受。復有說者，若受緣自相境，名身受；緣自相、共相境，名心受。復有說者，若受緣現在境，名身受；緣三世及無為境，名心受。復有說者，若受緣實有境，名身受；緣實有、假有境，名心受。復有說者，若受於境，一往取者，名身受；數數取者，名心受。復有說者，若受於境暫緣即了者，名身受。推尋乃了者，名心受。復有說者，諸受中若依色緣色，名身受；若依非色緣色、非色，名心受。（大 27.599a）

這段文字指出身受與心受的分別。受是主體接觸對象後生起的一種心理狀態，屬於五種遍行心所之一。但若按照文中所述，這「受」應是指對對象的認識。論主指出，如果受與前五識相應而起，這種

受是身受；如果與意識相應而起，則是心受。由於心所是伴隨著心而起的作用，所以身受與心受的分別其實就是前五識與意識的作用的分別。如果受之中無分別，這受是身受；若有分別則是心受。「無分別」表示這受是直接從對象而來的，沒有經過意識的作用。「有分別」指這受經過了意識的概念化的作用。如果受緣自相境，便是身受；若緣自相、共相境，則是心受。如果受以現在境為對象，這受便是身受；若以三世境及無為境為對象，則是心受。由於前五識只能認識現在境，所以身受必以現在境為對象。三世境是有為法的三種相狀，意識能緣一切有為、無為法，故這種受是心受。緣實有境的是身受；緣實有、假有境的是心受。前五識只能以現象界的事物為對象，而論主認為現象界的事物都是實有的，故說身受以實有境為緣。意識能對實有和假有境起作用，所以心受有緣實有境，亦有緣假有境。對於境「一往取」者是身受；能對於境「數數取」者則是心受。「一往取」表示對於一個對境只攝取一次。由於前五識的對象為現前的事物，這些事物剎那即滅，所以五識對於一境只攝取一次。「數數取」表示對同一境反覆攝取多次。意識能以概念為對象，概念屬於這裏所說的假有境，意識能對這種對象反覆思考，故能對同一境攝取多次。對於對象「暫緣即了」者是身受；「推尋乃了」者則是心受。前五識甫接觸對象，立刻就生起認識，這種認識是身受。意識接觸對象後，要經過思考才能達到認識，這種認識是心受。「依色緣色」的是身受；「依非色緣色、非色」是心受。「依色」的「色」指五根，五根是物質性的東西，而五識所緣的五境亦是物質性的，故說「依色緣色」。「依非色」的「非色」指意根，這表示意根不是物質性的。意識所緣的有物質性的五境，亦有非物質性的法境。

　　論主把身受和心受視為兩種認識途徑以及兩種認識結果，這兩種認識的形式不同，對象不同，所依不同，但論主以為兩種認識的結果都是對於對象達到了解。倘若以康德的認識論架構來說，身受和心受則會成為達到認識的兩個階段。粗略地說，身受約相等於感覺與料（sense data），而心受才是知識。由此可見二者對知識的定義也有分歧。

> 14. 諸四大種，有是能見，有是所見，乃至有是能觸，有是所觸。諸能見者，立為眼界；諸所見者，立為色界。乃至諸能觸者，立為身界；諸所觸者，立為觸界。心中有依眼根，乃至有依意根。依眼根者立眼識界；乃至依意根者立意識界；即六識身無間已滅，立為意界。即心差別，有名為受，有名為想，有名為思，并三無為，立為法界。如界，處亦爾。蘊者，諸四大種立為色蘊。諸心差別有名為受，有名為想，有名為思，有名為識，立為四蘊。（大 27.661c-662a）

　　十八界、十二處包括了一切有為法（saṃskṛta）、無為法（asaṃskṛta），而五蘊則包括一切有為法。這三個概念都是對存在事物的分類或分析。按照這段文字的分析，其中的十八界是就著存在事物在認識上所處的位置進行區分的。這裏把存在事物先區分為物質性的和精神性的兩種，物質性的存在以四大種為基礎，而精神性的存在則以心為基礎。四大種（catvāri mahā-bhūtani）所造的包括有能見和所見，以至能觸和所觸。能見立為眼界，這即是眼根；所見立為色界，即是色境。同樣地，能聞的耳根、能嗅的鼻根、能嚐的舌根和能觸的身根，亦分別立為耳界、鼻界、舌界和身界。而所

聞的聲境、所嗅的香境、所嚐的味境和所觸的觸境亦分別立為聲界、香界、味界和觸界。這十界都是由四大種組成，都屬於物質性的存在。

精神性的存在方面，心依著眼、耳、鼻、舌、身、意等六根而生起六種認識。依眼根而起的，立為眼識界，以至依意根而起的立為意識界。這意根雖稱為根（indriya），但並非像前五根般屬於物質性的東西，而是以其作為六識的等無間緣而建立的，故屬於精神性的存在。至於意識的對象，則包括伴隨心而起的不同的作用，包括受、想、思等心所，以及三種無為法，合稱為法界。

總括地說，十八界就是指認識中的主體、對象以及由此二者對應而產生的認識，這三方面已包攝了一切存在事物。

> 15. 大種所造處幾過去？答：十一少分，謂除意處。雖諸眼處皆所造攝，而非一切皆在過去，有在未來、現在世故。若是所造亦過去者，是此所問，餘非所問，故說少分。耳、鼻、舌、身，色、聲、香、味處亦爾。非諸觸處皆所造攝，亦非一切皆在過去。（大 666b-c）

論主指出，除意處外，十一處的少部分屬於由四大種所造而且屬於過去。這表示，除意處外的十一處，或全部，或部分是物質性的東西。眼、耳、鼻、舌、身，色、聲、香、味全是物質性的，這應無異議。但這裏顯示法處亦有部分是物質性的東西，是較為獨特的說法。在前段，論主提到心、心所、無為法等合為法處。這些東西之中，有什麼是大種所造的呢？這幾種東西顯然都不是大種所造的物質性的東西。論主在這裏未有清楚說明，但他所指的應是無表

（avijñāpti）。按照徹爾巴特斯基（Th. Stcherbatsky）的分析，無表或稱無表業，是行為的結果。我們作出的行為是表業（vijñāpti），這些行為過去後會以隱藏的方式繼續存在，這便是無表業。說一切有部把無表業歸入色（rūpa）類之中，因為它與身體的行為密切相關。無表業因此又稱為無表色（avijñāpti-rūpa）。無表色屬於色，又由於它是隱藏的，所以不是前五識的對境，故屬於法處。所以法處中亦有大種所造的東西。

　　無表業是業的持續，對有部以外的其他學派來說，不應是物質性的東西。例如唯識學之中，對應於無表業的概念應是業種子（karma-bīja），但業種子不是物質性的東西。所以，說法處包含大種所造的物質性東西應是有部的獨特的說法。

16. 心、心所法於三事定。問：若爾者，則應無量心、心所法
　　住不生法中。答：即無量心、心所法住不生法中，復有何
　　過？未來世寬，無容處耶？然彼本來已有住處。問：心、
　　心所法如於所緣定，亦於所依定耶？答：於所依亦定。謂
　　眼等五識及相應法，在未來世與所依遠，現在則俱，過去
　　復遠。（大 27.983b）

　　「三事」指處、青等和剎那（在此段文字上面有「青等」概念）。這三者都是心、心所的所緣。處指色、聲、香、味、觸、法六處。青等指各種類的境。剎那則是境的生、住、滅，即是個別的境。處是較寬的概念，例如色處包括了所有顏色的境。青與處比較起來是較窄的概念，指顏色中的某一種。剎那則是最狹窄的境的概念，指某一瞬間的、個別的境。引文說「心、心所法於三事定」，表示不

單是處，甚至某種類的境，以至個別的境，都既定地與某一心及某些心所法相配合。意思即是，未來的每一事物，都有特定的心和心所與之相配合，到這些事物顯現為現象時，與之配合的心和心所亦會同時起作用。倘若是這樣，豈不是有著無量的心和心所住於未生起，即未顯現的事物中？但論主認為這樣並沒有問題。

　　另一方面，論主認為心、心所亦與特定的所依相配合。「所依」指六根，但論主接著只提及五識。「五識」是心，「相應法」指心所。個別的心和相應的心所雖然與特定的根相配合，但不是一直結合著。在未來世，心、心所與所配的根遠離；現在則走在一起；到了過去又再遠離。舉例來說，論主認為心法 A 以及相應的心所法 a1、a2、a3 是既定地與一特定境甲相配合，而且住於甲之中，即使甲仍以隱藏的姿態存在於未來。同時，A 以及 a1、a2、a3 亦與一特定的根 P 相配合，但 A 及 a1、a2、a3 並不住在 P 之中，只有在顯現成現象時，A 及 a1、a2、a3 才與 P 走在一起，若在未來或過去，A 及 a1、a2、a3 與 P 是分離的。

　　按照這種說法，某一作為境的事物，在未顯現成現象前，早已有心、心所住於其中。到了條件充足時，該事物與既定的根走在一起，這時根、境結合，早已住於境中的心、心所就有了根作為所依而生起作用，即是生起識。這就是該事物顯現為現象，亦是被認識的時候。但這顯現只有一剎那，過後，該境及住於其中的心、心所又與根遠離，境、心、心所和根落入過去之中，又回復隱藏的狀態。

　　這是一種很獨特的認識論，同時亦貫徹了有部三世實有的觀點。按照這種說法，不單是物質性的根和境是早已存在的，就是心和心所也是早已住於境中。而且，個別的根、境、識早已配對起來，只是有分或合的不同情況而已。根、境、識結合就等於認識生起，

其中的識無論在過去、現在、未來，都與境結合，認識生起與否，只在於根與境、識的分或合。在未來和過去，根與境、識遠離，有關的認識不生起，三者就在隱藏的狀態中存在。到了適當的條件充足，根與境、識結合，就產生認識，這即是原本隱藏的事物顯現成為現象，而在顯現中的事物就被稱為現在的東西。照這樣說，一切東西都本然地存在，包括物質性的事物以及心、心所。而現象就是這些事物和心、心所的顯現，這種顯現是根與境、識結合的結果，而根與境、識的結合須要適當的條件，這就是有部所說的因緣和合，由此因緣和合就能產生現象。所以，現象事物和認識都沒有真正的生起，顯現後亦沒有真正的滅去。

引文最後部分只提到五識及相應法，未有提及意識和相應的心所。這是因為五識只能認識現在境，故唯有現在才與它們的所依，即根結合，在未來或過去，五識都與根遠離。但意識能認識三世境，所以意識在現在固然與所依結合，就是在過去或未來也能與所依結合，而生起對過去或未來的認識。

參考用書

1. 勝又俊教著《佛教における心識說の研究》，東京：山喜房佛書林，1974。
2. 水野弘元著《佛教教理研究：水野弘元著作選集二》，東京：春秋社，1997。
3. 木村泰賢、西義雄、坂本幸男編著《國譯大毘婆沙論》，毘曇部 7-16。

特別說明

佛教自釋迦牟尼（Śākyamuni）創教後，向時空兩方面發展。最初表現為阿含佛教（Āgama）或原始佛教，跟著是小乘（Hīnayāna），然後是大乘（Mahāyāna）。此中的歷史過程，非常複雜。扼要而言，佛陀滅後，佛教開始分成多個教派，所謂「部派佛教」。部派佛教的教法是阿毘達磨（Abhidharma）佛教。這阿毘達磨表示對佛陀教法的多方面的詮釋。達磨（dharma）是法，是真理，具載於《阿含》（Āgama）文獻中；abhi 即是對向，對向著以阿含佛教為主的基本教法，而加以解釋、分析，這便是「阿毘達磨」了。由於有多個由佛弟子組合的群體，它們對阿含佛教中所記載的佛陀的教法各有不同的解釋，因而分成多個派系，所謂「部派」。它們的一切解釋，可概括於佛教三藏（Tripiṭaka）經、律、論的論（śāstra）中，因而有所謂「論藏」。這些論藏文獻有很多已失傳，較完整地保留下來的，有錫蘭的上座部（Theravāda）佛教和譯成漢文的說一切有部佛教。我們在這裏只留意說一切有部部分。所謂「說一切有」（sarvāstivāda），其梵文稱可分開為 sarva-asti-vāda，sarva 是一切事物，asti 是存在、實在，vāda 則是學說。故 sarvāstivāda 便可解為「認為一切事物都有其存在性、實在性的學說」。這便是說一切有部（Sarvāsti-vāda）了。另外，有些部派如正量部或經量部（Sautrāntika）的文獻不明，不過，它們的根本教法和說一切有部相差不遠，都有實在論（realism）的傾向。說一切有部中的《大毘婆沙論》或《阿毘達磨大毘婆沙論》（Abhidharma-mahāvibhāṣā-śāstra）是一本大部頭的著作；它本來是另一本部派佛教著書《發智論》或《阿毘達磨發智論》（Abhidharma-jñānaprasthāna-śāstra）的詮釋與發揮的文獻。《發智論》是說一切有部的重要文獻，它所記述的，都是這有

部的根本義理。

　　這部《大毘婆沙論》可說是對於《發智論》隨文疏解的文獻，有點像天台宗智顗在其《法華文句》中對《法華經》（*Saddharmapuṇḍarīka-sūtra*）所做的那樣，但它也展示出自身的獨立的思想，代表有部的正統的說法。在研究以說一切有部為中心的部派佛教的思想來說，有很重要的位置，特別是在對《發智論》以後的有部教法有周詳的闡釋方面。它對五位七十五法的分法作整合，對於三世實有說、十二因素說再作解釋，發揮四諦和煩惱的思想。

第六章　《俱舍論》

簡介：《俱舍論》（*Abhidharmakośabhāṣya*）為世親（Vasubandhu）所撰，玄奘翻譯。另外又有真諦（Paramārtha）譯。此處所用，為玄奘譯本。

1. 色者唯五根，五境及無表。（大 29.2b）

　　五蘊（skandha）中的色蘊（rūpa）包括了「五根」、「五境」以及「無表」。「五根」指眼、耳、鼻、舌、身五種感覺機能。「五境」是五根所緣的境界，即色、聲、香、味、觸。「無表」（avijñapti）即「無表色」（avijñapti-rūpa）。上述的五根、五境皆為「有表色」，意思是能表現出來讓人知道的屬於色蘊的東西。無表色亦屬於色蘊，但不表現出來讓人知道。

2. 亂心無心等，隨流淨不淨，
　　大種所造性，由此說無表。
　　論曰：亂心者，謂此餘心；無心者，謂入無想及滅盡定。
　　等言顯示不亂、有心。相似相續說名隨流。善與不善名淨不淨。為簡諸得相似相續，是故復言大種所造。毘婆沙說，造是因義，謂作生等五種因故。顯立名因，故言由此。無

表雖以色業為性，如有表業，而非表示令他了知，故名無
表。說者顯此是師宗言，略說表業及定所生善、不善色，
名為無表。（大 29.3a）

這段文字解釋什麼是「無表」。「無表」有善、惡兩種，善無
表以善心為不亂心（avikṣipta-citta），以其餘的心，即惡心和無記
心為亂心（vikṣipta-citta）。惡無表則以惡心為不亂心，以善心和無
記心為亂心。「無心」（acittaka）指無想定（asaṃjñin-samāpatti）
和滅盡定（nirodha-samāpatti）的禪定狀態。在這兩種定中，心的作
用停止，故稱為無心。「等」表示還有「不亂心」和「有心」（sacittaka）。
「隨流」表示無表隨著以上四種心，即亂心、無心、不亂心和有心，
以相似的形態延續著。「流」就是指這種延續性（serial continuity）
或流向（flux）。「淨不淨」指無表的性格有善和不善兩種。「無
表」是由大種（bhūta）所造，所以屬於色蘊。毘婆沙（vibhāṣā）解
作註釋，這裏指毘婆沙師（vaibhāṣika）即註釋家。毘婆沙師說「造」
是因義。這表示「無表」以大種為因（generating cause）。「無表」
在性質上屬於色，所以又稱為無表色。但其餘的色是表現出來讓人
可以知道的，而無表則沒有表現出來，即是以一種潛藏的形式存在。
無表色是由表業和禪定所生的，而且具有善、不善的性格。

3. 受領納隨觸，想取像為體，
　　四餘名行蘊，如是受等三，
　　及無表無為，名法處法界。
　　論曰：受蘊謂三，領納隨觸，即樂及苦、不苦不樂。此復
　　分別成六受身，謂眼觸所生受，乃至意觸所生受。想蘊謂

能取像為體,即能執取青、黃、長、短、男、女、怨、親、苦、樂等相。此復分別成六想身,應如受說。除前及後色、受、想、識,餘一切行名為行蘊。(大 29.3c-4a)

「受」(vedanā)是領納的意思,隨著觸而生起,以觸為領納的對象。受可分為三類,即樂受、苦受和不苦不樂受。此外,又可隨著六種觸而分為六受身。由眼觸而生的為眼受身,耳觸生的為耳受身,以至意觸生的為意受身。

想蘊(saṃjñā-skandha)以取像為根本作用。「取像」即是攝取對象的相狀,如青、黃、長、短等。這裏的「攝取」應不牽涉到對於對象的執著,因為這裏只從功能方面來看,沒有價值上的意味。而且,在無執著的情況下,想蘊亦應有取像的作用。可見這裏的「執取」只有取的意思,沒有執著的意思。前面所說的六受,其中由眼觸所生的眼受,以至由身觸所生的身受,都是攝取對象自身而形成的,沒有經過分別作用,所以應屬於現量(pratyakṣa, perception, Wahrnehmung)。至於由意觸而生的意受,單從受方面來看,意受只是攝取作為對象的一個概念自身而成的,當中未有經過分別作用,所以亦應視為現量。而想蘊所取的,是攝取而來的東西的各種特性,即是已從這些東西自身抽離的各種概念。所以想應牽涉到概念化的過程,即是把對象分別為可供思考的材料。關於這點,蒲桑(Louis de la Vallée Poussin)有進一步的解釋,他說:

It is through saṃjñā that one gives a name to the visual impression, and to the external cause of the visual impression. (AKB p.138)

又說：

> The saṃjñā which accompanies sense consciousness is weak
> and indistinct. Only the mental consciousness is accompanied by
> an efficacious saṃjñā, and only it is savikalpaka. (AKB
> pp.138-139)

他認為我們透過想蘊把名稱賦予所攝取的影像，又認為伴隨著前五
識的想的作用微弱，以致前五識不能認識對象的特質，只有伴隨著
意識的想的作用才是有效的，所以只有意識稱為 "savikalpaka"。
savikalpaka 是以 sa 為字首的所屬複合詞（bahuvrīhi）。vikalpa 解作
分別性，sa 為字首解作具有，加上 ka 作字尾構成形容詞，所以
savikalpaka 應解作具有分別性的。這種說法解釋了為什麼前五識沒
有分別能力而只有意識具有（案：前五識只有自性分別，而意識兼
具自性、計度、隨念三種分別，這點稍後再討論）。但這樣說就把
分別的能力歸到想之上，而不是識所具有的作用。

　　想蘊亦對應於六種受而分為六想身，即色、聲、香、味、觸、
法想身。

　　行蘊（saṃskāra-skandha）包括了色、受、想、識以外的一切有
為法。這「行」指心行，即心念。受、想、行三蘊，加上色蘊中的
無表，再加上無為法，這五者在十二處中，合稱為「法處」，在十
八界中，合稱為「法界」。

　　4.　識謂各了別，此即名意處，
　　　　及七界應知，六識轉為意。

論曰：各各了別彼彼境界，總取境相，故名識蘊。此復差
別有六識身，謂眼識身至意識身。應知如是所說識蘊，於
處門中立為意處，於界門中立為七界，謂眼識界至意識界。
即此六識轉為意界。如是此中所說五蘊，即十二處并十八
界。謂除無表，諸餘色蘊即名十處，亦名十界。受、想、
行蘊、無表、無為，總名法處，亦名法界。應知識蘊即名
意處，亦名七界，謂六識界及與意界。（大29.4a）

識蘊（vijñāna skandha）指各種「了別」，即眼識了別色境、耳
識了別聲境，以至意識了別法境。而「了別」所取的是各種境界的
特性，亦即是共相或概念。詳細地說，我們的意識能把不同事物，
如黃牛、黃衣、黃帽的共同性格，如「黃」，抽象而出，成為概念，
這是概念化。或就不同事物，如黃牛、黃衣、黃帽，以其共同性格
「黃」為指引，而成「黃」的概念，於是這些不同東西便可歸為「黃」
類，這便是概念化。我們的意識具有記憶能力，能記取由「黃」的
印象而來的「黃」的概念，到日後遇到黃色的東西，能把這「黃」
的印象與所記取的「黃」的概念加以對比，而確認這是黃色的東西，
這便是了別。故了別是以概念化為基礎的。

關於概念活動，我們亦可以較為複雜的方式來說。那便是以一
組性質來決定概念；例如我們由「棕、球形、膠製……」等各種性
質，而得到「籃球」概念。但此中所涉及的「棕」、「球形」、「膠
製」等性質，自身亦是概念，它們亦需經過上面說的概念化的程序
才能成就。

按照引文所述，五蘊、十二處、十八界之間對應的情況如下表：

五蘊	十二處	十八界
色蘊（無表除外）	眼處 耳處 鼻處 舌處 身處 色處 聲處 香處 味處 觸處	眼界 耳界 鼻界 舌界 身界 色界 聲界 香界 味界 觸界
受蘊 想蘊 行蘊 無表 （另加上無為法）	法處	法界
識蘊	意處	意界 眼識界 耳識界 鼻識界 舌識界 身識界 意識界（意識）

引文中明顯地表示五蘊、十二處和十八界所包含的範圍是相同的，而蘊、處、界之間的對應情況如上表所列。然而，論者把無為歸入

蘊的行列中,並指出受、想、行、蘊加上無表、無為相等於法處和法界,當中的無為卻不屬於五蘊中的任何一蘊。而論者亦未有就這點作出解釋。若按照一般的理解,五蘊只包含有為法,而十二處和十八界則包含有為法和無為法。這種理解跟引文中的意思有分別。然而,論者在下文解釋「蘊」的意義時提到:「諸有為法和合聚義是蘊義。」(大 29.5a)可見論中所述的「蘊」只代表有為法。

5. 由即六識身,無間滅為意。
   論曰:即六識身無間滅已,能生後識,故名意界。(大 29.4b)

六識剎那生滅,當現前的六識滅去,能帶引隨後的六識生起的緣就是意(根)(manendriya)。照這裏的描述,意根應等同於四緣中的等無間緣(samanantara-pratyaya)。

6. 成第六依故,十八界應知。
   論曰:如五識界,別有眼等五界為依。第六意識無別所依,為成此依,故說意界。如是所依、能依、境界。應知各六界成十八。(大 29.4b)

眼識界等五識界有眼界等五界(五根)為依,而意識界則沒有這類所依,於是建立意界作為意識界的所依(實際上意界不單是意識界的所依,同時亦是其餘五識界的所依)。由此,所依、能依以及境各有六界,共為十八界。

7. 聚、生門、種族,是蘊、處、界義。

論曰：諸有為法和合聚義是蘊義。……心、心所法生長門
義是處義。訓釋詞者，謂能生長心、心所法，故名為處。
是能生長彼作用義。法種族義是界義。如一山中有多銅、
鐵、金、銀等族，說名多界。如是一身，或一相續，有十八
類諸法種族，名十八界。此中種族是生本義。（大 29.4c-5a）

蘊（skandha）表示聚，處（āyatana）表示生門，界（dhātu）
表示種族。種種有為法和合而成的積聚稱為蘊。這樣的積聚可分為
五類，稱為五蘊。「處」是「生門」的意思，即生起的途徑。心、
心所法生起作用的途徑包括有十二種東西，稱為十二處。這十二處
即是六根和六境。「種族」表示種類，而且有著相續的意思，就如
人類的族群代代相續，由此形成一個相續的流。從這個流之中可以
發現到不同的成分，就如一山之中有著銅、鐵、金、銀等不同成分。
這些不同的成分都是這個流的組成因素，亦即是生成的根本元素。
這每一種根本元素就是一界，所以界亦是「生本」的意思。諸法的
生之本共有十八類，即六根、六境和六識，所以共有十八界。這表
示諸法都是以六根、六境和六識為本而生起的。

徹爾巴特斯基（Th. Stcherbatsky）在 *The Central Conception of
Buddhism* 中把五蘊解釋為存在的基本元素（elements of existence）；
十二處為認識的基本元素（bases of cognition）；十八界為生命之流
的組成要素（components of the stream of life）（CCB pp.6-9）。徹
氏的這種解釋跟上文所說的相當吻合。上文說蘊是積聚，這積聚就
是從存在上來說，所以五蘊是存在的基本元素。處是心、心所法生
起的途徑，亦即是構成認識的因素，所以十二處就是認識的基本元
素。以上說界形成的相續的流，就是自我或生命的延續性，這就是

生命之流（stream of life）。所以十八界就是生命之流的組成要素。

8. 說五無分別，由計度、隨念，
以意地散慧，意諸念為體。

論曰：傳說：分別略有三種：一、自性分別；二、計度分別；三、隨念分別。由五識身雖有自性，而無餘二，說無分別。如一足馬名為無足。自性分別體唯是尋，後心所中自當辯釋。餘二分別，如其次第。意地散慧諸念為體。散謂非定。意識相應散慧，名為計度分別。若定若散，意識相應諸念名為隨念分別。（大 29.8a-b）

「分別」（vikalpa）可分為三種：第一、自性分別（svabhāva-vikalpa）；第二、計度分別（abhinirūpaṇa-vikalpa）；第三、隨念分別（anusmaraṇa-vikalpa）。五識只具有自性分別，而沒有計度分別和隨念分別，自性分別不是真正的分別，因此說五識無分別。三種分別作用為三種心所所具有，自性分別是「尋」（vitarka）的作用；計度分別是與意識相應的「散慧」的作用，散慧是慧的一分，當慧與散亂相應時就稱為散慧；隨念分別是與意識相應的念的作用。

按照蒲桑的解釋，自性分別的作用只認識到對象本身。例如看見「藍色」的對境，自性分別的作用只知「藍色」，但不知道「這是藍色」（AKB p.138）。「藍色」是對象呈現在眼識之中的相狀，眼識認識到的就是這樣的一個相狀。但「這是藍色」就牽涉到概念的處理，包括要把這個呈現的相狀跟記憶中的概念核對、比較，然後發現這個相狀與藍色的概念相吻合，這樣才能知道「這是藍色」。這就需要計度（examination）和隨念（remembering）兩種作用。而

這些作用只有意識才具有。

> 9. 眼全是見，法界一分八種是見，餘皆非見。何等為八？謂
> 身見等五染污見、世間正見、有學正見、無學正見。於法
> 界中，此八是見，所餘非見。身見等五，隨眠品中時至當
> 說。世間正見，謂意識相應善、有漏慧。有學正見，謂有
> 學身中諸無漏見。無學正見，謂無學身中諸無漏見。……
> 何故世間正見唯意識相應？以五識俱生慧不能決度故。審
> 慮為先，決度名見。五識俱慧無如是能，以無分別，是故
> 非見。……若爾，眼根不能決度，云何名見？以能明利觀
> 照諸色，故亦名見。（大 29.10c）

這段文字解釋什麼是「見」（dṛṣṭi）。「見」可分為兩大類：
第一類是眼根的作用。由於眼根能觀照種種色彩，所以稱為見。另
一類「見」屬於法界，由於這些作用有審慮和決度的功能，所以稱
為見。這類見共有八種，分別是：五染污見、世間正見、有學正見
和無學正見。五種染污見是煩惱心所的作用，這在下文介紹心所時
再詳述。世間正見是與意識相應的善和有漏慧的作用。有漏慧亦與
前五識相應，但這情況下的慧心所沒有審慮、決度的功能，所以不
稱為見。慧心所必須在與意識相應的情況下才具有審慮、決度的功
能，這時的慧才能稱為「見」。有學正見是在有學（śaikṣa）階位，
即須陀洹、斯陀含和阿那含之中的修行者所起的無漏見。而無學正
見是無學（aśaikṣa）階位的聖者，即阿羅漢的無漏見。

這兩大類見之中，前者，即眼根的作用，是一種感官的作用；
後者，即法界的八種見是心理或精神的作用。這些心理或精神的作

用之所以稱為「見」，是因為有著「決度」的功能。「決度」是對
於關於對象的認識加以判斷。以上八種見之中，有學正見和無學正
見具有超越性。所謂具有超越性，表示這些認識超越了對於現象界
的一種相對性的認識。有學正見和無學正見牽涉到在修行中的睿智
的直觀，所以具有超越性。而五染污見和世間正見是相對性的，亦
就是有漏的認識。決度是對有關的認識進行判斷，從判斷中作出真、
偽，善、惡等的區分。文中指出，「決度」是慧心所的功能，但慧
心所不是在任何情況都具有這種功能。例如在與前五識而非與意識
一同生起時，慧就沒有這種決度的功能。慧必須在與意識相應時才
具有這種功能。由此可知，必須有意識的參與才能對於對象進行判
斷，而前五識就沒有這種功能。

10. 眼識定非能見，所以者何？傳說：不能觀障色故。現見壁
    等所障諸色則不能觀。若識見者，識無對故。壁等不礙，
    應見障色。於被障色，眼識不生。識既不生，如何當見？
    （大 29.10c）

論者認為，眼識不是「能見」，意思是，單靠眼識，不能夠見
到事物。他解釋說，識是不會被障礙的，如果眼識是「能見」，就
應能見到牆壁背後的東西。但事實上，對於被牆壁阻隔著的東西，
眼識不能生起，即不能見到。所以眼識不是能見。

從邏輯的觀點看，論者所提出的論證是無效的。因為他提出的
情況是「眼識不生」以致不能見。而要論證「眼識定非能見」，必
須提出「眼識生而不能見」的情況。而且，佛經中亦多次提到根、
境和合能生識，根、境、識結合就能見。眼識能夠生起即表示有根

和境兩種條件的結合，所以眼識已代表著見的充足條件，故眼識應是「能見」。

11. 眼、耳、意根取非至境。謂眼能見遠處諸色，眼中藥等則不能觀。耳亦能聞遠處聲響，逼耳根者，則不能聞。……意無色故，非能有至。（大29.11b）

這裏指出，眼根、耳根和意根只能認識不與它們本身緊貼的事物。眼能看見遠處的事物，但貼在眼中的藥卻不能見到。耳能聽到遠處的聲音，但不能聽到貼著耳根而發的聲音。意根本身不是具體的存在，所以沒有與它緊貼的東西。

12. 應知鼻等三，唯取等量境。
論曰：前說至境，鼻等三根，應知唯能取等量境。如根微量，境微亦然。相稱合生鼻等識故。（大29.12a）

這裏指出，鼻、舌、身根只能認識「等量境」。所謂「等量境」，指與根同樣大小、強弱的境。相反地，不等量境是與根的大小、強弱不等同的境，例如細小的眼可以認識巨大的事物，這事物就是眼根的不等量境。而鼻、舌、身所認識的境必須是與它們緊貼著的，與根貼著的分量，就是被認識的境的分量。例如手按著檯面的一部分，這按著的部分就是被手認識的境，這被認識的部分檯面與手的大小相等，這部分就是等量境。至於檯的其他部分則不是被認識的境。

13. 後依唯過去，五識依或俱。

論曰：意識唯依無間滅意，眼等五識所依或俱。或言表此亦依過去。眼是眼識俱生所依，如是乃至身是身識俱生所依，同現世故。無間滅意是過去依。此五識身所依各二，謂眼等五是別所依，意根為五通所依性。（大 29.12b）

「後依」指意識的所依，即意或意根。「俱」包括了現在以及過去。這半頌表示，意識所依的意根必定是屬於過去時的。我們可以這樣地理解：意根是無間而滅的，而意識所依而生的意根，在生起意識時就立刻滅去，所以生起某個意識的意根，總是存在於意識生起時的前一剎那。故此意識的所依總是屬於過去的。至於前五識的所依則亦有屬現在，亦有屬過去。因為前五識的所依是與五識俱生的。「俱生」有著同時生起的意思，所以五識的所依對於五識來說屬現在時。此外，五識除了依於各自的根之外，亦依於意根。所以五識亦如意識一樣，其所依屬於過去時。由於五識各自有二種所依，例如眼識依於眼根，亦依於意根，而對於眼識來說，眼根屬於現在，意根屬於過去。所以五識的所依亦有現在的，亦有過去的。

14. 五外二所識，常法界無為，
    法一分是根，并內界十二。

論曰：十八界中，色等五界如其次第，眼等五識各一所識。又總皆是意識所識。如是五界，各六識中，二識所識。由此准知，餘十三界一切唯是意識所識，非五識身所緣境故。十八界中無有一界全是常者，唯法一分無為是常。（大 29.13a）

「五外」指十八界之中五種外界，即色、聲、香、味、觸。照小乘所說，這五界是外在於主體的。「二所識」表示被兩種識所認識。色、聲、香、味、觸各自為眼、耳、鼻、舌、身識所認識。此外，這五界又為意識所認識。所以此五者各為兩種識所認識。至於其餘的十三界，則只為意識所認識，而不是五識的所緣境。這十八界之中沒有一界全是常住的，只有法界中的一部分——無為法是常住的。

雖然《俱舍論》論者有實在論的傾向，但他並不是簡單地基於這種實在性，就將這些事物視為是常住的。這裏已清楚表明，我們接觸到的具體的色、聲、香、味、觸都不是常住的。所以論者這種實在論的傾向應這樣地了解：外界事物都有著實在的基礎，基於這種實在性，它應是常住的。但以這種基礎而建立成的具體事物卻是無常的。另外要注意的是，根據這樣的理解，論者並沒有把外界事物的這種實在的基礎列入十八界之中，因為引文中清楚表示只有無為法是常住的。而這種實在的基礎既能構成具體的事物，故不應屬於無為法。

關於以上這點，另一個可能的解釋是論者在最根本的觀念中，並沒有對事物採取實在的看法。

15. 了自境增上，總立於六根，
......

論曰：了自境者，謂六識身。眼等五根於能了別各別境識有增上用。第六意根於能了別一切境識有增上用。故眼等六各立為根。豈不色等於能了識亦有增上，應立為根？境於識中無增上用。夫增上用，謂勝自在。眼於所發了色識

中最勝自在，故名增上，於了眾色為通因故。識隨眼根有明昧故。色則不然，二相違故。乃至意根，於法亦爾。（大29.13c-14a）

「了自境」是六識的功能；「增上」指輔助或加強的作用。六識能了別各自的境，其中前五識以色、聲、香、味、觸為境，而意識則以一切法為境。眼等五根對於能了別各自的境的前五識有著增上的作用，而意根則對於了別一切境的意識有著增上的作用。所以眼等五根以及意根共立為六根。

根的特性在於具有增上的作用，六根的增上作用就在於在認識當中輔助識去完成整個認識過程。這種增上作用雖然是輔助性質，但仍是不可缺少的因素，甚至更可說是有著支配性（predominance），所謂「勝自在」。因為一切視覺的認識都必須眼根的作用，而且眼根的好壞更決定了視覺認識的效果。其他根亦同樣有著這種影響力。

16. 欲微聚無聲，無根有八事，
   有身根九事，十事有餘根。

   論曰：色聚極細，立微聚名，為顯更無細於此者。此在欲界，無聲無根。八事俱生，隨一不減。云何八事？謂四大種及四所造色、香、味、觸。無聲有根，諸極微聚。此俱生事或九或十。有身根聚，九事俱生。八事如前，身為第九。有餘根聚，十事俱生。九事如前，加眼等一。眼、耳、鼻、舌必不離身，展轉相望，處各別故。（大29.18b）

在欲界之中，最基本的物質性存在稱為「微聚」，這名稱表示沒有比這更微細的物質。以微聚為基礎，現象界的八種事物同時生起，分別是：四大種和色、香、味、觸。如果將身根也算為一種，就共有九種。若再把眼、耳、鼻、舌也另算為一種，就共為十種。這裏包括了現象界一切物質性的事物。實際上，眼、耳、鼻、舌都是身根的一部分，而身根又可歸入四大種所造的色、香、味、觸，所以基本上應有八種物質性的存在。然而，色、香、味、觸既然由四大種所造成，為什麼要獨立區別開來呢？色、香、味、觸是具體的認識的對象，而四大種是構成這些對象的元素，相對來說，前者是用，後者是體，故加以區分。

17. 心所且有五，大地法等異。

論曰：諸心所法且有五品。何等為五？一、大地法；二、大善地法；三、大煩惱地法；四、大不善地法；五、小煩惱地法。地謂行處。若此是彼所行處，即說此為彼法地。大法地故名為大地。此中若法，大地所有，名大地法，謂法恆於一切心有。彼法是何？頌曰：

受想思觸欲，慧念與作意，

勝解三摩地，遍於一切心。

論曰：傳說：如是所列十法，諸心剎那和合遍有。此中受謂三種領納：苦、樂、俱非，有差別故。想謂於境取差別相。思謂能令心有造作。觸謂根、境、識和合生，能有觸對。欲謂希求所作事業。慧謂於法能有簡擇。念謂於緣明記不忘。作意謂能令心警覺。勝解謂能於境印可。三摩地謂心一境性。諸心、心所異相微細，一一相續，分別尚難，

況一剎那俱時而有？（大 29.19a）

　　五種心所之中，只有大地法遍於一切心。即是說，在任何心識生起作用時，大地法所包括的十種心所都會同時起作用，這些作用都是構成對於對象的認識的因素。這十種心所包括：受、想、思、觸、欲、慧、念、作意、勝解和三摩地。受是領納由對象而來的影響力，這種影響力帶來的有苦受、樂受和不苦不樂（俱非）的感受。想是對於對象的個別相狀加以攝取。關於這種「攝取」，最少有兩種可能的方式。第一種是對象的相狀直接投射在心上，心就有如一面鏡子，把對象的原來面貌呈現出來。第二種是心基於對象的影響，而自己建構出一個影像，這影像當然與對象有著某種關係，但不一定就是對象本身的形象。這兩種方式都傾向於承認外界事物的實在性。單憑這裏的文字實難以判斷屬哪一種方式，或是另有別的攝取方式。思的作用是令心有造作，這裏說得很簡略，未有說明「造作」的意義。但我們可作出這樣的推斷，前面所說的想的作用是攝取對象的個別相狀，這個別相狀是對象呈現在主體當中的面貌，可是這面貌還未成為我們日常處理的知識，因為知識無非是概念。故此想所攝取的對象的個別相狀仍需經過某一程序，然後才成為知識。而這個程序應就是思的作用，亦就是概念化的作用。觸是根、境、識和合所產生的作用。在認識過程中，觸的位置應在受之前。欲是一種希求。慧是對於事物的判斷。念是把對象清晰記憶。作意是令心警覺。在認識當中，作意應在觸之後和受之前。因為作意的對象應是觸，而受就是對於境產生作意而成的結果。勝解是把對象確定下來，產生一種清晰的印象。三摩地即定，作用是令心專注一境。

　　以上所提到的十大地法，其中的欲、慧、念、勝解和三摩地雖

然牽涉到認識作用，但並不是構成認識的基本因素。即是說，即使缺少這五法的作用，仍然可能形成對於對象的基本認識。至於其餘五法，按照文中所述的性質，在認識過程中，它們的次序應是這樣：觸─作意─受─想─思。感官與境的最初接觸應是純物質性的或機械性的（以實在論的觀點看），而觸就是在認識過程中，心的作用的最初步，亦就是這個境成為識的對象的第一步。這個識應是對應於各種境的識，即對應於色境的眼識，對應於聲境的耳識等等。作意是令心警覺，所警覺的心應是意識，作用是使意識察覺到正有某種相狀在心中產生。接著的受、想、思都是意識處理對象的作用。經過了這個過程，關於對境的相狀就成為了思考的材料，亦就是知識。

　　文中最後表示，上述各種心和心所俱時而有。即是說，以上所說的意識過程中，各個步驟只是有著邏輯上的次序，並不是在時間上有著先後。亦即是說，此十大地法在任何心生起時，都相應地同時生起。

　　剛才已指出過，文中所列出的十種大地法，其中五種，即欲、慧、念、勝解、三摩地，我們認為不是構成認識的基本因素。這五種心所法都是在認識形成後的進一步的處理，而且我們不一定要對所認識的事情作出這樣的處理。事實上，在我們日常生活中，對於大部分認識的事物都沒有進一步去處理，例如看見藍天、白雲、街上的行人，看是看見，但不一定會有所希求或對之有所判斷。所以，我們認為將這五種心所法列為大地法不太適當。

　　18.　心、意、識體一，心、心所有依，
　　　　　有緣有行相，相應義有五。

論曰：集起故名心，思量故名意，了別故名識。復有釋言：
淨、不淨界種種差別，故名為心。即此為他作所依止，故
名為意。作能依止，故名為識。故心、意、識三名所詮，
義雖有異，而體是一。如心、意、識三名所詮，義異體一，
諸心、心所名有所依、所緣、行相、相應亦爾。名義雖殊，
而體是一，謂心、心所皆名有所依託，所依根故。或名有
所緣，取所緣境故。或名有行相，即於所緣品類差別等起
行相故。或名相應，等和合故。依何義故名等和合？有五
義故，謂心、心所五義平等，故說相應。所依、所緣、行
相、時、事皆平等故。事平等者，一相應中如心體一。諸
心所法，各各亦爾。」（大 29.21c-22a）

　　心、意和識是一件事體基於三方面的面相而取的三個名稱。「集
起」指這個事體與其他心所一同生起，基於這種集起而稱為「心」。
它能思慮，故稱為「意」。這事體又具有了別的作用，故名為「識」。
所以心、意、識都是指同一事體。同樣地，心和心所的各種名稱都
是同一事體的多方面意義。各種心、心所名為有所依、有所緣、有
行相、相應。由於心、心所都有所依託，所依託的就是根，故稱為
有所依。各心、心所都有所緣境，故稱為有所緣。心、心所都以與
所緣境等起的相狀作為其行相。這裏所說的行相，即是心、心所生
起時的相狀。照文中所述，這行相是與所緣境「等起」的。

　　這「等起」的意義最少可有兩種可能的解釋，第一種是心的生
起是按照所緣境本身面貌而生，這樣，心的行相就與所緣境完全無
異。這即是表示，主體能夠超越自身而攝取對象本身的原本面貌，
按照著這面貌而生起與對象自身無異的對象相。這對象相亦就是切

中對象自身的一種認識。按照這種理解，會形成一種實在論的傾向。若以胡塞爾（E. Husserl）的現象學觀點看，主體超越自身的能力是值得懷疑的。第二種解釋是心與所緣境本身是同一事體，在生起時被分別為主體和客體，以致構成作為主體的心和與之相對、作為客體的所緣境。既然心和所緣境根本是同一的，故沒有主體超越自身的問題存在。而這樣的理解就顯然傾向於觀念論，亦較近於世親後期的唯識思想。由此可見，這裏所說的「等起」是關鍵的概念，以辨別論者所採取的是傾向於實在論或是傾向於觀念論的觀點。然而，按照這裏的文字，還未能作出確實的判斷。心、心所又稱為相應，因為心和心所是「等和合」。「等和合」有五方面的意義，包括所依、所緣、行相、時、事皆平等。這「平等」應解作同一，因為文中提到事平等「如心體一」，即是說，事平等表示體同一。所以其餘四平等亦應作同一解。這表示心和心所的所依、所緣、行相、時間性和事體都是同一的。

　　所依相同表示心和與其相應的心所的所依根為同一。例如當心依耳根而生起，其心所必定同時依於耳根而生，而不可能依其他根。所緣相同表示心和心所所緣的境或所認識的對象是同一的。例如眼識緣某個青境生起時，其心和心所都是緣著這同一個青境。行相是根據所緣境而「等起」的。已知心和心所的所緣境是同一，現論者認為心和心所的行相也是同一，這反映出論者很可能認為心和心所都是按照著所緣境本身的面貌而生起的，這即是上面所說的「等起」的第一種意義。因為，如果心和心所都是按照著同一的所緣境本身的面貌而生起，它們的行相就必定是同一的。時間性同一表示心和心所是同時生起的。事體同一表示心和與其相應的心所本來就是同一事體（event）的不同名稱。心是指著這個事體作為一種聚集而說，

心所是指著這個事體的各種作用而說，所以根本上都是同一個事體。

關於心和心所這五點的同一，可以與後來的唯識作一比較。在這五點中，唯識會同意心和與其相應的心所的所依和時間性是同一的。至於所緣、時間和事體，論者認為心和心所在這三方面也是同一的，唯識則會認為是各異的。唯識認為心和心所各由不同的種子（bīja）生起，所以事體各異。對於所緣，唯識區分為疏所緣和親所緣。疏所緣相等於上面所說的所緣境，而親所緣則是心和心所各自所變現的相分。這些相分只是相似於疏所緣而不盡相同，而相分與相分之間亦只是相似。所以就著親所緣來說，心和心所的所緣只是相似而不是相同。心和心所的行相是根據親所緣而生起的，既然親所緣不同，行相也就不會相同。

透過這樣的比較，對於上文關於「等起」的意義的問題，我們可以找到一點線索。俱舍論者認為心和心所的所緣和行相都是同一的，而行相的同一是基於所緣的同一。基於這點，我們可以推知論者所持的「等起」的意義很可能是第一種。因為當所緣境同一，而心和心所都是按照著這同一個所緣境本身面貌而生起行相，則行相亦必定是同一的。唯識則認為，心和心所的行相的根據是它們各自生起的相似於所緣境（疏所緣）的相分。由於相分只是相似於所緣境，所以即使面對同一的所緣境，心和心所各自生起的相分亦不能說是同一的。而根據各自的相分而生起的行相也就不能說是同一的。唯識的這種解釋，就較接近於上述的第二種「等起」的意義。

19. 觸有六種，所謂眼觸，乃至意觸。此復是何？三和所生，謂根、境、識三和合故，有別觸生。且五觸生可三和合，許根、境、識俱時起故。意根過去，法或未來，意識現在，

> 如何和合？此即名和合。謂因果義成，或同一果故名和合。
> 謂根、境、識三同順生觸故。（大 29.52b）

　　根、境、識和合而有觸生起。一般的理解是根、境、識同時生起，故三者能和合。但意根屬於過去時（前文第 13 段已提到這點），法可以是在任何時，即可以屬未來時，而意識屬現在時，三者如何和合呢？前面所說的和合是從時空關係上說，這裏給和合作出另一種詮釋，就是從因果關係上說和合。若從因果關係上說，根、境、識不一定同時存在，只要有著因果的連繫，而最後產生同一結果就能稱為和合。但若只以因果關係來說根、境、識的和合，而不就時間上說三者同時存在，則在現實上三者仍是不能和合而成觸。

20. 眼等五觸，說名有對。以有對根為所依故。第六意觸，說名增語。所以然者，增語謂名，名是意觸所緣長境，故偏故此名增語觸。如說眼識但能了青，不了是青。意識了青，亦了是青，故名為長。故有對觸名從所依，增語觸名就所緣立。有說，意識語為增上，方於境轉。五識不然，是故意識獨名增語。與此相應名增語觸。故有對觸名從所依，增語觸名就相應立。即前六觸隨別相應，復成八種。（大 29.52c）

　　這裏特別指出「名」是意觸所緣長境。「名」指概念。為什麼稱概念為「長境」呢？前五識只以現前的境為對象，例如眼識能夠認識「青」境，但不能知道「這是青」。即是說，眼識只能認識到對境當下呈現在識中的模樣——青。但要知道「這是青」就牽涉到

概念的處理，這點上文已提過。意識能夠認識當前的境，亦能夠認識概念。當前的境是受著時空的限制，隨時轉變的，而概念是超越時空的，可以長時間成為意識的對境，故稱為「長境」。

21. 從前六觸生於六受，謂眼觸所生受至意觸所生受。六中前五說為身受，依色根故。意觸所生說為心受，但依心故。受生與觸為後為俱？毘婆沙師說，俱時起，觸、受展轉俱有因故。……有說，觸後方有受生，根、境為先，次有識起。此三合故，即名為觸。第三剎那，緣觸生受。……故應定許一切識俱悉皆有觸，諸所有觸無不皆與受等俱生。（大 29.52c-53b）

　　這裏討論到觸與受生起的次序問題。有說觸與受一同生起，亦有說觸之後才生起受。而論者認為一切識皆有觸，即根、境、識和合必有觸生起，而觸與受是俱生的，即是一同生起。關於這點，上文已提過，識生起接著是觸，其後是作意、受、想、思，這些心的作用只有邏輯上的次序，沒有時間上的先後。

22. 三世實有，……以識起時必有境故，謂必有境，識乃得生，無則不生，其理決定。若去、來世境體實無，是則應有無所緣識，所緣無故，識亦應無。又已謝業有當果故，謂若實無過去體者，善、惡二業當果應無。非果生時有現因在。（大 29.104b）

　　這段文字是要證明外界事物除了在現前存在外，還有在過去和

未來都是實在地存在的，即是所謂三世實有的觀點。這裏先提出經文作證據，然後再從義理上論證。在義理方面，這裏提出了兩個論據，第一個論據是，識的生起必須以境為緣，沒有境就不能生起識。若事物在過去和未來是不存在的，我們就不能意識到過去和未來的事物。但事實上，過去的事物可以憶念，未來的事物亦可能預測而呈現在我們的意識中。所以，論者認為過去和未來的境都是實有的。第二個論據是從因果報應來說，過去的業應能招引相應的果報，倘若過去了的事物實體地無，則過去的善、惡業就不能招引相應的果。而果報不是由現前的因引致的。所以，過去的事物仍然是有實體的存在。

　　在第一個論據中，由於前五識只能取現前境，所以當中所說的「識」應是指意識。意識能取過去、現在、未來的境，這點應無爭議。但論者似認為事物在存在的形態方面只有兩種可能方式，一是實有，另一是實無。論者的目的是要論證事物在三世中實有。由於在現世方面沒有爭議，所以他集中在否證事物在過去和未來實無的說法，他以為這樣就能證成實有。但論者忽略了還有另一種可能的存在方式，就是緣起無自性的存在。事物不是實無，並不表示它就是實有，或自性地有。它可以是緣起地有。關於這點，論者似未有深入體察到。

23. 彼覺破便無，慧析餘亦爾，
　　如瓶水世俗，異此名勝義。
　　論曰：若彼物覺，彼破便無。彼物應知名世俗諦。如瓶被破為碎，凡時瓶覺則無。衣等亦爾。又若有物以慧析，除彼覺便無，亦是世俗。如水被慧析色等時，水覺則無。火

等亦爾。即於彼物未破析時，以世想名，施設為彼。施設有故，名為世俗。依世俗理，說有瓶等，是實非虛，名世俗諦。若物異此，名勝義諦。謂彼物覺，彼破不無，及慧析餘，彼覺仍有，應知彼物名勝義諦。如色等物碎至極微，或以勝慧，析除味等，彼覺恆有。受等亦然。此真實有，故名勝義。依勝義理，說有色等，是實非虛，名勝義諦。（大 29.116b）

這段文字是要區分世俗諦（lokasaṃvṛti-satya）和勝義諦（paramārtha-satya）。論者認為具體的、可被接觸到的事物都是屬世俗諦。這些事物會改變，以致壞滅。當事物壞滅後，我們會失去對該事物的知覺。所以世俗諦的一個特點，是當中的事物所給予我們的知覺會隨著事物的狀態的改變而消失。如果我們運用智慧對事物進行分析，分析至極微時，所得的知覺是恆有的，因為極微不能壞滅，而且是恆存的。由於極微是真實的存在，所以屬勝義諦。

照論者所言，我們會對於具體的事物給予一個名稱，這名稱是一個假名，因為這些事物會破壞，我們對它的知覺亦會隨著消失。由於這些事物是無常的，所以屬於世俗諦。勝義諦的特點是常住性。當我們把事物分析至極微，又或是事物本身破碎至極微時，由於這極微不會轉變，故屬於勝義諦。所以論者認為，就勝義諦而言，事物是實有的。

總　結

《俱舍論》對世間事物進行了細緻的分析。蘊、處、界三科是就世間事物的三方面性格來進行區分（處和界亦包括出世間的無為

法，現只以世間事物作為討論範圍）。「蘊」是世間事物的存在的
基本形態。其中的色蘊包括了五根、五境和無表色。五根是有情身
上的五種認識機能。五境是五根認識的對象。較特別的是無表色。
無表色就字面上解是沒有表現出來讓我們感知的物質性存在。這實
際上就是指潛藏中的「業」（karma）。大乘佛教宗派，例如中觀、
唯識，都沒有把「業」說為物質性的東西。中觀把業說為「不失法」，
這名稱著重於業的果位的性格，表示有情所作的活動所形成的影響
力，這些影響力記錄了有情的活動的性質而潛藏起來，而且不會失
去。唯識把業說為「種子」（bīja），這強調了業的因位一方面。種
子作為有情所感知的事物的生起原因，亦即是果報的由來。但他們
都沒有把業說成是物質性的東西。而俱舍論者特別把無表業說成如
有表業一般，同為色業，這種說法貫徹了有部的三世實有觀點。因
為無表業由過去的有表業形成，而且亦會形成未來的有表業，這即
表示無表業是有表業的未來和過去的形態。有表業的未來和過去，
跟現在時同樣屬於物質性的存在，這種說法與三世實有的觀點是相
應的。

　　「處」是世間事物在認識的格局中所處的位置的區分。十二處
包括屬認識主體方面的眼、耳、鼻、舌、身、意，和屬於被認識的
客體方面的色、聲、香、味、觸、法。五蘊所代表的世間事物都可
配置入十二處的劃分之中。而其中的無表色，上文已提到它沒有表
現出來讓我們感知，所以沒有包括在色、聲、香、味、觸之中，它
只能屬於意識的認識對象，即法處之中。

　　「界」是有情生命的基本元素。十八界包括了有情主體的六識、
六根和與此對應的六境。俱舍論者認為，這六識、六根和六境包含
了有情生命的一切元素。

　　在主體方面，論者特別強調意識在認識活動中的作用。他舉出三種分別作用：自性分別、計度分別和隨念分別。自性分別只能認識對象本身，但不能把對象關聯到概念。這種作用為前五識和意識所共同具有。計度分別和隨念分別的作用能夠把對象與概念聯繫起來，這過程相當於心理學所說的聯想或關聯（association）。透過聯想，我們可對於對象作出判斷，這樣才真正構成關於對象的知識。計度分別和隨念分別兩種作用只為意識所具有。前五識不具有這兩種在認識上最主要的分別作用，所以說前五識無分別。

　　在對世間事物的分析中，可以見到論者採取實在論的觀點去看外界事物。基於這種觀點，在認知活動中，心攝取的境是外在於心而存在的，而心生起時的相狀就是按照著外界的事物的相狀而形成的。這即是說，主體能夠攝取外界的事物的特徵，按著這些特徵而生起心和心所，這些心和心所的行相就是主體對於外界事物的初步認識。然而，論者這種說法未能解決主體與外界事物如何能連繫起來的問題。論者似乎認為，主體在認識活動中，能夠找到並且切中它的客體，是自明的、是無須懷疑的。但胡塞爾（E. Husserl）在《現象學的觀念》（*Die Idee der Phänomenologie*）中指出，這種說法不單不是自明的，甚至不能作為一種假設。

　　整體來說，《俱舍論》在知識論上進行了相當詳細的討論。首先，論者對認識的客體作出了詳細的分析。第二，對認識的意義、認識的過程都有所說明。第三，對於在認識過程中有關的機能和作用，例如分別、心、心所等都有較確實的定義。在佛教典籍中，本論應是最早一本具有較為系統的認識論的著作。

　　這裏明顯地表現出論者對於事物的實在論的觀點。這種觀點一般來說是屬於小乘佛教所有，而且亦很大程度地影響到他們對外界

事物的處理方式。由於要追求對勝義諦的了解，他們會傾向於對外
界事物進行細緻的分析。在認識論的角度來說，所分析得的極微雖
然超越知覺範圍，但仍可憑推想而得，故這種分析仍是屬於相對性
的認識的範圍。所以論者所說的勝義諦應能透過認識論的途徑去加
以了解。相反地，大乘佛教，例如空宗、唯識所說的勝義諦則屬於
超越於相對性的認識的層面，它超越於感官知覺，所以不能單以一
般的認識論的途徑去處理，而要訴諸睿智的直覺來處理。

參考用書

1. 木村泰賢著《小乘佛教思想論》，東京：大法輪閣，1968。

2. 水野弘元著〈原始佛教・アビダルマにおける心理學〉，《講
   座佛教思想第四卷：人間學、心理學》，東京：理想社，1975，
   頁 197-240。

3. 楠本信道著《俱舍論における世親の緣起觀》，京都：平樂寺
   書店，2007。

4. 埃德蒙德・胡塞爾著，倪梁康譯《現象學的觀念》，上海：譯
   文出版社，1987。

5. Louis de la Vallée Poussin, *Abhidharmakośabhāṣyam* (AKB),
   English translated by Leo M. Pruden, Berkeley, California: Asian
   Humanities Press, 1990.

6. Th. Stcherbatsky, *The Central Conception of Buddhism* (CCB),
   Delhi: Sri Satguru Publications, 1991.

第七章　《成實論》

簡介：《成實論》（*Satyasiddhi-śāstra*）由訶利跋摩（Harivarman）著，漢譯由鳩摩羅什（Kumārajīva）譯，屬小乘論書，梵文原典已佚，亦無西藏文譯本，只有漢譯現存。它的立場不近一切有部，而近於經量部。此處所用的，是鳩摩羅什的譯本。

1. 以四緣，識生。所謂因緣、次第緣、緣緣、增上緣。以業為因緣。識為次第緣，以識次第生識故。色為緣緣。眼為增上緣。此中識從二因緣生。（大 32.251a）

　　以四緣和合而產生識。四緣指：因緣（hetu-pratyaya）、次第緣（samanantara-pratyaya）、緣緣（ālambana-pratyaya）和增上緣（adhipati-pratyaya）。以業（karma）為因緣，這業相等於後來唯識所說的種子（bīja），這是生起識的最主要因素。識為次第緣，這次第緣即等無間緣。這裏說識為生起識的緣，似是不能理解。按理，次第緣應是「識的滅去」，當前識滅去，就提供了一個空間讓後識生起。引文繼續說，顏色作為對境。而眼就作為輔助的因素。由於因緣和次第緣經常具備，所待的只是緣緣和增上緣，所以識可說是從根（增上緣）和境（緣緣）這兩種因素生起。

2. 若以世諦有者，今還以世諦故。說過去、未來為有？為無？
　　答曰：無也。所以者何？若色等諸陰在現在世能有所作，
　　可得見知。如經中說：惱壞是色相。若在現在則可惱壞，
　　非去、來也。受等亦然。故知但有現在五陰，二世無也。
　　（大 32.255a）

問者說：你若認為從世俗諦（saṃvṛti-satya）說，事物是有，現在就以世俗諦來說。過去（事物）、未來（事物）是有或是無？

論者回答：是無。因為五陰（五陰代表世俗一切事物）在現在世能起作用，這些作用可以被認識到。如經中所說：物質性事物的特徵是會壞滅。物質性事物若在現在世，則能壞滅，在過去世或未來世都沒有壞滅。其餘的精神性的事物，即受、想、行、識都是這樣。所以只有現在的事物是有，過去和未來的事物都是無。

這段文字顯然針對著「三世實有」的說法。說一切有部（Sarvāstivādin）認為「法體恆存，三世實有」，即是認為事物的自體，即法體（svabhāva）是常住的，所以事物的存在性在時間上無分過去、現在或未來。故說事物在一切時間中，即三世都是實有的。這段文字否定了過去和未來的事物的實在性，亦即是否定了事物的自體的常住性。而現在世在時間性上是等同於現在的一剎那（kṣaṇa），即極短的時間。這裏只承認事物在現在世存在，亦即是隱伏了事物剎那滅的觀點。

3. 若法無作則無自相。若過去火不能燒者，不名為火。識亦
　　如是，若在過去，不能識者，則不名識。復次，若無因而
　　有，是事不然。過去法無因可有，是故不然。復次，凡所

有法皆眾緣生，如有地、有種、水等因緣則芽等生；有紙、
筆、人功則字得成；二法等合則有識生。未來世中，芽、
字、識等因緣未會，云何得有？是故二世不應有也。復次，
若未來法有，是則為常，以從未來至現在故。如從舍至舍，
則無無常，是事不可。又經中說，眼生無所從來，滅無所
至，是故不應分別去、來法也。復次，若未來有眼、色、
識者，則應有作。過去亦爾。而實不然。是故知無去、來
法也。又去、來色有，則應有對、有礙，而實不然，是故
無也。復次，若瓶等物未來有者，則陶師等不應有作，而
現有作故，無未來有。（大 32.255a-b）

　　這段文字再進一步否定過去和未來事物的實在性。這裏說，事
物若沒有作用，則表示無有「自相」。自相（svalakṣaṇa）指個別獨
特的體相。例如過去世的火，它沒有能燃燒的作用，所以不能算是
火。識亦是一樣，過去的識沒有認識的作用，所以不算是識。再者，
凡事都應該有因，但過去的事物沒有因，所以不應是有。對於這點，
可從邏輯上作解釋。在邏輯的次序上，因必定先於果。假如過去世
中的事物是果，則它的因必在過去世之先。但是，因為過去世已包
含了在現在之前的一切時間，所以沒有一個時點在過去世之先，可
讓過去的事物的因存在。因此，過去的事物必定無因。引文繼續說，
所有事物都是眾緣和合而生的，例如有地、種子、水等因緣，則生
出芽；有紙、筆、人功，則寫成字；根、境結合就有識生。但在未
來世中，事物的因緣未有結合，怎能生出事物呢？所以，過去世和
未來世的事物都不應是有。

　　再者，倘若未來的事物是有，則這些事物就是常住的，因為它

們從現在到未來一段時間中都存在著。事物若能從一個時間，持續地存在到另一個時間，這就不是無常了。但這是不可能的。經中又說：現在的眼根的出現，不是從過去而來；現在的眼根消失，亦不是去了未來，所以根本無所謂過去和未來的事物。再者，倘若有未來的眼根、色境和眼識，就應有視覺的認識作用生起。同樣地，如果有過去的眼根、色境和眼識，亦應有同樣的認識作用。但事實上沒有這些作用生起，可見過去和未來的事物都是無的。再者，倘若過去和未來的事物是有，這些事物就應有對礙。但事實上沒有這些事物的對礙，所以這些事物是無。再者，倘若現在未有的瓶等事物，在未來中確實存在，則陶師現在就不需要做作，那些瓶等事物亦會出現。但實際上，陶師現在要做作，才能造出瓶等器具來，因此沒有未來存在的事。

4. 問曰：更有一時生法亦為因果。如有對中識，以眼、色為因緣，非眼、色以識為因緣。答曰：不然。眼識以前心為因，眼、色為緣。因心先滅，云何俱生？又若法隨所因生，即是因成。若心因情、塵有，即是因所成法。復次，四大即是造色，以因所生故。又現見世間物，從似因生，如從稻生稻，從麥生麥。如是從地生地，不生水等。如是從色生色，如是等。（大 32.262c）

問者認為，有些事物同時存在亦具有因果關係。例如眼識以眼根和色境為因緣而生起，當中的根、境為因，識為果，而因與果亦同時存在。

論者回答：眼識實際上是以前剎那的心為因，眼根和色境只作

為輔助的緣。而前剎那的心先滅，眼識才生起，所以因與果不是同時存在。事物隨著它們的因而生，就是因所成。心亦是一樣，若心由於「情」（sattva）（有情主體），以及「塵」（viṣaya）（客觀事物）而生起，這心亦就是因所成的事物。客觀世界的基本物質，即四大亦是由因所生的。而可見到的客觀事物都是由似因生起。例如稻生稻、麥生麥。同樣地，地生地、色生色等。而地不會生出水來。

這段文字有三個重點：第一、因與果不會同時存在，必定是先因後果，因滅而果生。第二、世間事物皆由因所生成，沒有無因而生的事物。第三、因與果具有相似性。這相似性或可這樣地理解：因生起果，這果的本質就是因的影響力，所以必具有因的特性。但是，果的形成除了因的作用之外，還有其他較次要的緣，這些緣的影響力亦已賦予果。所以，果除了具有主要的因的特性外，亦略具次要的緣的特性，以致果與因只是相似，而不是相同。

5.　問曰：若輕、重相即，色等眾者，云何於色等中，以身識緣？答曰：非色等眾中用身識緣，但此中觸分以身識緣。如堅、不堅等，雖在色等眾中，或以眼見得知。又如猗樂等，是色等眾，亦以身識分別，是事亦爾。（大 32.265a）

問者提出：輕、重的性質一同存在於事物之中，為何要以身識為緣才有輕和重？

論者回答：並不是說事物中的性質要以身識為緣才生起，而是對於輕、重的感觸是要透過身識。例如硬、軟的性質本是存在於事物中，但要透過識的分別（vikalpa）作用才能被認知。此外，如綺樂等性質亦是要藉著識的分別作用才能被認知。

這裏似是承認了輕、重、堅、軟等屬性本身是存在於事物當中，這有點近似於勝論（Vaiśeṣika）所說的六句義（ṣaṭ-padārthāḥ）之中的實體、性質的關係。亦即是間接地承認了事物的客觀存在性。此外，這裏細緻地分辨了事物的屬性本身，和對這些屬性的認知。雖然屬性本身是在事物當中，這與識沒有關係，但對屬性的認知就必須依賴識的分別作用。另外還要注意一點，這裏認為身識，以致眼、耳、鼻、舌識都具有分別能力。即是說，這分別能力不限於意識所具有。故這裏說的分別，是廣義的意思。

6. 問曰：若諸大等，何故有能見色？有不能者？答曰：皆從業生。從業生屬眼，四大力能見色。餘根亦爾。問曰：若從業生，何故不以一根遍知諸塵？答曰：此業五種差別，有業能為見因，如施燈燭，得眼根報。聲等亦爾。業差別故，根力有異。問曰：若是業力，何假諸根？但應從業力，識能取諸塵。答曰：不然。現見無根則識不生。所以者何？如盲者不見，聾者不聞。現見事中，因緣無用，此非難也。又法應爾，若無諸根，則識不生。外四大等，無根而生，法應假此。又以諸根，嚴眾生身，故從業生。如以得穀因緣業，故穀生。亦假種子，芽、莖、枝、葉，次第而生。此亦如是。（大 32.266a）

問者提出：各種物質，為什麼有些具有看見東西的能力，有些卻沒有這種能力呢？

論者回答：這是基於業（karma）的作用，若業力令一些物質生成為眼，這些物質就有看見東西的能力。其餘幾種根的能力亦是這

樣形成的。

　　問者再問：既然從業生，為什麼不能讓一種根能認識到所有事物呢？

　　論者回答：這是由於業力的不同。有些業力能令物質成為眼，而有看見東西的能力。例如燃點燈燭這個活動所成的業，就具有生起眼根的能力。另一些業則有生起其餘幾種根的能力。

　　問者再問：倘若是由於業力而能看見東西，何需眼根？

　　論者回答：若沒有根，則識不能生起。從現實情況可見，例如盲者不能見東西，聾者不能聽聲音，這些都是理所當然的。外在世界的基本物質不用根而生起，其他事物都要基於這些物質而形成。而五根裝飾眾生的身體，則需從業力生起。例如某人具有獲得穀的因緣，穀就生起。但這穀的生起其實不單由於某人的業，還需要種子。有了種子，芽、莖、枝、葉就能隨著生起。

　　這段文字主要是指出，當事物關連到眾生的主體時，主體的業力就會發揮作用，影響到事物的狀態。然而，事物本身仍需依賴基本的物質而生起。例如身體上的五根，它們本身是由基本物質所構成，而主體的業力就令五根具有認識事物的能力。所以，認識的生起，一方面需要業力，另一方面亦需物質條件。

7.　問曰：諸根為到塵故知？為不到能知？答曰：非根能知。
　　所以者何？若根能知塵，則可一時遍知諸塵，而實不能。
　　是故以識能知。汝心或謂根待識共知。不離識知者，是事
　　不然。無有一法，待餘法故，能有所作。若眼能知，何須
　　待識？又若根能知，應當分別是為根業，是為識業。問曰：
　　照是根業，知是識業。答曰：此非分別，云何名照？汝法

中，耳等諸根，非是火性，不應能照。若諸根於識如燈者，
今諸根更應有照者，如燈，則照復有照，如是無窮。若更
無照者，但根能照，亦應無根，但識能知，是故照非根業。
又根非能知，如燈能照而不能知。必能為識作依，是名根
業。是故但識能知，非諸根也。若有識則知，無識則不知。
（大 32.267a）

問者說：諸根是接觸到對象才認識對象，或是不接觸到對象而
認識呢？

論者回答：並不是根認識對象。如果根能認識對象，則應在同
一時間可以認識所有對象，這是不可能的。按這裏所說的「諸塵」
指色、聲、香、味、觸這五境。如果五根具有認識能力，則應可在
同一時間中眼見到色，耳聽到聲，鼻嗅到香，舌嚐到味，身觸到觸
境，但這是不可能的，所以根並不具有認知的能力。能進行認知的
是識。而且，並不是根和識一起進行認知。如果根有認知能力，就
不需要識。而且，還要區分哪些是根的作用，以及哪些是識的作用。
可見，根本身沒有認知能力。

問者以為，根的作用是照，而識的作用是認識。按這裏所說的
「知」，即認識，是一種分別作用。

論者回答：這樣並不是已將根和識的作用分別開來。五根之中，
耳、鼻、舌、身都不是火性，故不應有照的作用。倘若根對於識有
著如燈一樣的能照的作用，就是照復有照。因為，如果根本身是能
照，例如眼根，而眼根仍需要燈作照，這即是能照（眼根）仍需照
（燈）。按同樣道理，燈作為能照，亦需要其他事物作照，這樣就
會有無窮的照。另一方面，如果根不再需要照（燈）而能進行認知，

則識也就不需要根來作照，這樣就應沒有根。再者，就算根是能照，它仍然沒有認知的能力，因為能照的東西沒有知的能力，例如燈。所謂根的作用，應是作為識的所依。所以只有識才有認知的能力。

這段文字主要是指出認知的能力在識而不在根。根只是作為識生起的所依。此外，文中提到「若根能知塵，則可一時遍知諸塵，而實不能。」從這句可知，我們不能同時認知不同的境。而認知對境是識的作用，若識生起，就能認知相應的境，例如眼識生起就能認知色境。現不能同時認知不同的境，可知五識不能同時生起，而只能逐一地生起。即是當眼識生起時，其餘四種識就不能生起；當認知色境時，就不能認知聲、香、味、觸境。另外，文中提到燈能照而不能知，「但識能知」，這裏的識，應不只是眼識，而應有意識的分別作用在內，因為說到知，便應有分別。這個問題比較複雜，《成實論》的論主似未覺察到意識的作用。

8. 眼等五法，與餘色等，此十法俱不知塵。如離眼等，則識不生，若離色等，識亦不生。以何為勝？答曰：以諸根故，識得差別，名眼識、耳識等。如鼓與桴，合而有音，以鼓勝故，名曰鼓音。如地與穀等，合而生芽，以穀勝故，名為穀芽。諸識亦爾，隨所依處，得差別名，不以緣故。（大32.267c）

眼、耳、鼻、舌、身，與色、聲、香、味、觸，這兩類共十種東西都不能認識事物。在這兩類東西之中，若沒有眼等，就不能生起識；若沒有色等，亦不能生起識。這兩類之中，哪一類較為重要呢？論者認為前一類，即眼等五根較重要。因為識是以所緣的根為

依據而區別的。即是說，若以眼根緣境而生識，此則為眼識。雖然眼必須與色境結合才能生眼識，但以眼根的作用為主，故所生識稱為眼識。正如鼓與桴結合而生起聲音（當中的桴是用以擊鼓的工具），由於此聲的生起以鼓為主要原因，故這種聲稱為鼓聲，而不稱為桴聲。又例如地與穀合而生起芽，當中以穀為主因，所以這些芽稱為穀芽。識的生起亦隨著其主因，即識的所依處（五根）而立名，而不以較次要的緣（五境）而立名。

在原始的經典中，一般都以眼為能見，而以事物為所見。這是一種較為素樸的認識論。而這裏不單不以眼等器官為能見，更否認了較為內在的眼等五根是能見，而以抽象的五識為能見。這是在思惟上一種較成熟的表現。此外，這裏又區分了主要條件，即所謂因，以及次要條件，即所謂緣。雖然五根與五境同樣是生起識的條件，但當中以五根的作用為主要。所謂主要，表示具有決定性。例如一件事物放在面前，如果我們以眼根去接觸這事物，就會與事物的顏色結合而生起眼識；如果我們以身根去接觸這事物，就會與它的軟、硬或冷、熱等性質結合而生起身識。所以與事物接觸當中，我們以哪種根去接觸事物，就決定了可以接觸到事物的哪一方面，以及會生起哪一種識。這就是所謂五根的決定性。因此，五根就成為五識生起的主要因素，即因；五境則是次要的因素，即緣。而識的立名亦跟隨著它的主要因素，即根的名稱。

9. 如佛說偈，明達近智，如舌知味，舌雖不知，不同瓢杓，意依於舌生舌識故，言舌知味。依眼生識名為眼見，故言佛弟子如眼所見。汝言以根取塵，以識分別，是事已答，根無知故。又汝等不說根思惟，知我有差別相，是故諸根

不能取塵。又汝等諸知，不待根生，所以者何？大及我等，先根而生。又汝大等諸諦，無本性故，則應皆無。汝法本性，變為大等，本性法無，是事已說，是則無根。（大32.267c-268a）

　　這段文字指出，佛說法時，往往以一般人最容易理解的方式去說。例如就舌頭知味。雖然嚴格來說，舌頭本身沒有「知」的能力，即是單靠舌頭，不能對味道有所認識。但舌頭仍然不同「瓢杓」，「瓢杓」是盛水的器皿，這些器皿盛著水也不能知水的味道。舌頭雖然亦不能知味，但它是構成對味道的認識的因素。因為舌頭是舌根的扶根塵，即是舌根依附的地方，舌根要透過舌頭去接觸對境然後才能生起舌識。所以，一般來說，說舌知味仍是可以的。同樣地，說眼能見、耳能聽等等，亦是可以的。

　　論者接著就對方的觀點而逐一討論。首先，對方認為「以根取塵，以識分別」。「塵」指外在的事物，「取」應是指最初步的接觸，根只能接觸事物，而對事物進行分別就依靠「識」。從結構上看，這「識」對應著根來說，所以應指前五識。然則，對方是說前五識具有分別作用。而且，這種觀點是論者承認的。我們可以這樣地理解，前五識雖然沒有如意識般的分別能力，但不是完全不具有分別的作用。前五識生起最少能夠把捉著對境本身的一方面的特徵，例如一個事物現前，眼識生起，能夠把捉事物的顏色，鼻識生起，能夠把捉事物的氣味。所謂把捉，是把對象的相狀呈現在自身之中。在這過程中，眼識不會把捉事物的顏色以外的特徵，例如氣味、溫度等；鼻識也不會把捉事物的氣味以外的特徵，例如顏色。就這種能在事物中選取適當的境相的能力來說，五識仍可說具有分

別能力。但這種能力仍未涉及概念和對概念的處理，那些功能只屬意識所有。

　　引文接著提到關於對方的宇宙觀的問題。這個「對方」應是數論（Sāṃkhya）的學者。他們認為宇宙萬物的物質性本源是「自性」（prakṛti），或稱為「本性」（mūlaprakṛti），即根本自性。這自性具有三種要素，即所謂「自性三德」，它們是：薩埵（sattva）、羅闍（rajas）、多磨（tamas）。而「神我」（puruṣa）即是「我」，是精神性的實體，它助成自性生起「大」（mahat）。由「大」生起「我慢」（ahaṃkāra）。「我慢」生起「五知根」（pañca-jñānendriya）、「五作根」（pañca-karmendriya）、「心根」（manas）和「五唯」（pañca-tanmātra）。「五唯」生起「五大」（pañca-bhūta）。神我、自性、大、我慢、五知根、五作根、心根、五唯和五大，合起來就是數論的「二十五諦」。[1]當中的「五知根」就是認識事物的五根。由於思惟是屬於精神性的活動，而根是物質性的存在，所以對方不說根能思惟。論者又指出，照對方所說，種種知識不須依賴根而早已形成。因為「大」和「神我」是先於根而生起的，神我本身已具有各種知識，所以知識的構成不須依待根。論者又認為，對方所說的諸諦是不存在的，因為一切都是源於「本性」，而本性是不存在的。故此，根亦是無。這樣，論者最終完全否定了對方所說的根、識，以至構成知識的可能性。

10. 今為根、塵合故識生？為離故生耶？答曰：眼識不待到故知塵。所以者何？月等遠物，亦可得見。月色不應離月而

---

[1]　*A History of Indian Philosophy*, pp.245-254.

來。又假空與明故,得見色,若眼到色,則間無空、明。
如眼篦觸眼,則不得見。當知眼識不到而知。耳識二種,
或到故知,或不到而知。耳鳴以到故知,雷聲則不到而知。
餘三識皆到根而知。所以者何?現見此三,根與塵和合故
可得知。意根無色故,無到不到。 (大 23.268a)

識是由根與塵接觸而生起,還是兩者不接觸而生起呢?

論者回答:眼識不需要接觸到塵,亦能認知。例如月亮等遠離
的事物,亦可見到。而月的顏色應沒有離開月的自體而到達我們的
眼。我們要藉著空間和光線才能看見顏色,如果眼與顏色接觸到,
則沒有空間和光線,這樣就不能看見。例如眼睫毛,由於接觸到眼,
所以不能看見。由此可知,眼識要能認知對象,必需有空間在眼與
對象之間,兩者不能接觸。耳識認知對象就有兩種方式,耳接觸到
對象時可認知,不接觸到對象時亦能認知。例如耳鳴,這時耳接觸
到對象而能認知;雷聲則是在耳接觸不到對象時而認知的。其餘的
鼻、舌、身識,都需要根接觸到對象才能認知。原因是,在我們日
常的經驗中,鼻根、舌根和身根都要接觸到對象,才能達到認知的
效果。至於意根,由於它沒有物質性的對象,所以無所謂接觸不接
觸。

這裏提出了前六識生起的一些條件。眼識生起必需在根和境之
間有空間和光明;耳識生起則有沒有光明和空間均可;鼻、舌、身
識,則必需在根和境之間沒有空間,即兩者必需接觸;意識的生起
則無關乎空間和光明。

11. 若色在知境,是則可見。如經中說:若眼不壞,色在知境,

> 如是則見。問曰：云何名在知境？答曰：隨色與眼合時，
> 名在知境。問曰：若眼不到，有何合時？答曰：是事亦同，
> 如汝眼去到色，或有能見，或不能見。如眼到日，能見日
> 輪而不見日業。我亦如是，眼雖不去，若色在知境，是則
> 能見；若不在知境，則不能見。（大 32.268c-269a）

倘若顏色在「知境」之中，就能看見。如經中所說：如果眼根
沒有損壞，而顏色在知境，就能見到。

問者說：怎樣才是在「知境」當中呢？

論者回答：色與眼根和合時，色就是在知境當中。

問者說：眼根沒有接觸對象，怎會有和合的時候呢？

論者回答：如果你的眼接觸到事物，能否見到該事物呢？眼雖
然沒有接觸到，但如果事物在知境之中，就能看見；如果事物不在
知境，就不能看見。

這裏提出了事物被認知的一個條件，就是事物要處於「知境」
之中，而這個知境不一定是與五官接觸的情況。怎樣才是「知境」
呢？論中另一段文字將會交代。

12. 問曰：已知諸色在知境故可見。今云何可見？云何不可見？
    答曰：世障故不見，如過去、未來色。映勝故不見，如日
    光明蔽諸星宿及珠火明等。不顯故不見，如夜中火可見，
    餘不可見。地勝故不見，如以初禪眼不見二禪色。闇障故
    不見，如闇中瓶。神力故不見，如鬼等身。厚濁障故不見，
    如山外色。遠故不見，如餘世界。太近故不見，如自眼睫。
    次未至故不見，如光中塵可見，光外則不見。細故不見，

如樹杌似人，不可分別。多相似故不見，如一粒米投大聚
中，又如一鳥入鳥群中。與上相違，名在知境。（大 32.269a）

　　已知事物在「知境」就可被認知。這段文字進一步以眼見顏色
為例，說明事物在什麼情況下為在知境。「世障」指時間上的障礙，
世可指過去世間、現在世間、未來世間。當事物處於過去或未來，
與處於現在的眼有著時間上的障礙，所以眼不能見到過去或未來的
事物。「映勝」指強烈的光芒，例如星宿和明珠的光明被強烈的日
光所掩蓋，所以不能看見。「不顯」表示沒有被突顯出來，例如在
夜間，火光較為突顯，所以可見到，但其他不突顯的東西就看不到。
「地勝」指境界的殊勝。例如處於初禪境界的眼不能見到二禪或更
高境界的事物，這是由於認知者未有達到該等境界。「闇障」指黑
闇的障蔽。例如在闇中的瓶，由於被黑闇所障蔽，所以不能看見。
「神力」指一些超離現實世界的力量。例如鬼的形體，由於具有這
種超現實的力量，所以不能看見。「厚濁障」指粗厚和混濁的障礙。
例如被山所遮擋的事物，我們不能看見。事物與眼相距太遠亦不能
見。例如我們身處的這個小世界以外的其他世界。事物與眼相距太
近亦不能見，例如眼睫毛緊貼著眼，所以不能見。根據下文，「次」
應指光線，所以「次」可能是「光」之誤。在光線照射中的塵可以
見到，在光線照射以外的塵則見不到。事物太細小不能看見。這裏
以「樹杌」為例，似不切合事物細小的情況，這段文字中間可能有
所遺漏。繼續說另一種情況，「多相似」的情況，指有很多相狀近
似的東西與所看的對象滲雜在一起。例如一粒米投進大堆米之中，
又例如一隻烏鴉飛進整群烏鴉之中，很難再分辨出來。若沒有以上
所說的情況，事物就謂之在知境。

這段文字舉出了很多不在知境的情況，最後指出與這些情況相違的就是知境。這裏只是舖排了一些情況，但沒有在理論上清晰地界定「知境」。這種理論仍然只是很粗糙的理論，因為運用這種舖排的方式，可以列出無數種不在知境的情況。這種說法缺乏了概括性，沒有列明不在知境的原則。所以理論性很薄弱。

13. 已知五塵在知境故可知。法塵云何名不在知境？答曰：上地故不知。如初禪心不知二禪已上法。根勝故不知，如鈍根心不知利根心中法。人勝故不知，如須陀洹不知斯陀含心中法。力差別故不知，如有意識於此法無力，以是意識不知此法。如攝心意識所知法，亂心意識所不能知。如辟支佛意力所知法，聲聞意力所不能知。佛意力所知法，聲聞、辟支佛意力所不能知。如上品法，下品意識所不能知。又細微法塵，不可得知。如阿毗曇中說：何等心可念？謂了了者、先所經用者可念。非不經用者，如生死人。先所用法能念，未用則不念。聖人若經用，若不經用，聖智力故，皆悉能知。又勝塵故知，如用色界心知欲界法。又倒障故不知，如身見心緣五陰不見無我。無常、苦亦如是。又力障故不知。如鈍根人，利根障故，令心不知。與上相違，名在知境。（大 32.269b）

色、聲、香、味、觸處於知境，故能被認知。至於「法塵」，即意根所對應的東西，在什麼情況下為不在知境呢？法塵不在知境的情況有以下各種：「上地」即精神上較高的境界。倘若法塵在高於修行者所處的精神境界，例如修行者在初禪，而法塵在二禪或以

上，修行者的意根就不能認知到那些東西。「根勝」指智慧上的優越，例如智慧優勝的人的心中所想的東西，智慧低劣的人是不能認識的。「人勝」指修行者的階位上的優越，例如斯陀含心中所想的，須陀洹是不能認識的。「力差別」在這裏指意根的能力的差別，需要較強意力才能認識的東西，意力較弱就不能認識。例如需「攝心意識」才能知的東西，「亂心意識」就不能知。「攝心意識」指意念集中時的意識，「亂心意識」指意念散亂時的意識。又例如需要辟支佛的意力才能認識的東西，聲聞就不能認識；需要佛的意力才能知的，辟支佛和聲聞的意力都不能知。又例如高深的義理，低劣的意識是不能得知的。此外，太細微的事亦不能認識。阿毗曇典籍中提到：「何等心可念？」即是問，什麼意識可以有所認識呢？「了了者」和「先所經用者」的意識可以有所認識。「了了者」指領悟能力強的人；「先所經用者」指曾經驗過某事物的人。曾經驗過某事物的人能認識該事物，未曾經驗的人就不能認識。但聖者則例外，由於具有超凡的智力，所以無論曾否經驗過的事物，他們都能認識。此外，處於較高境界能夠知道較低境界的事物，例如色界的心能夠認識欲界的事。「倒障」指顛倒的障礙。如以知身境的心，雖知五陰，但不知其中的無我的道理。也不知無常、苦的道理。在能力方面有障礙的人也有不知的事，如愚鈍的人，由於利根被障塞，所以他們的心不能認識事物。以上所舉，令意識不能認識法塵的情況若不存在，法塵則是在知境。

　　這段文字仍然用列舉的方式去劃分法塵在知境與不在知境的情況。此外，還應注意一點：在較後期的知識論中，與根一同作緣而生起識，而且成為識的對象的東西稱為境，而塵則指未有成為識的對象的東西。另外，根與識亦會清楚界定。但這裏似沒有清楚分辨

塵和境、根和識等概念，這些概念經常交換使用。

14. 問曰：諸根為定？為不定耶？答曰：云何名定？云何名不
定？問曰：以眼等根所知及因，是名為定。答曰：若爾，
根非定也。所以者何？諸根非是眼等所知及因。問曰：眼
瞳子及舌、身，可以眼見，耳、鼻在內，故不可得見。答
曰：死人亦有瞳子、舌、身，而實無根。問曰：瞳子二種，
有是根、非根。死人根，瞳子滅，非根者在。答曰：根、
瞳子無能見者故，非眼等所得。經中說：五根是色，不可
見有對。若是可見，則可分別此瞳子是根，此瞳子非根。
問曰：若經中說：因四大成清淨色，名為五根。何故復說
五根是色，不可見有對耶？答曰：是故可疑，業力不可思
議。以業力故，四大變而為根。（大 32.272a-b）

　　問者提出：五根為定，或為不定？問者所說的「定」，表示眼
等根能夠接觸到的。論者認為，若這樣謂之「定」，則五根就不是
定。問者反駁說，眼瞳子和舌、身的根都可以被見到，而耳、鼻的
根，因在體內，所以不能見，但仍然是具體存在的。論者認為，這
些具體見到的東西並不是根，例如死人亦有眼瞳子、舌、身，但沒
有根。問者又說，瞳子有兩種：是根和非根。死人的瞳子為非根，
故不能看東西。然而，問者仍認為活人的瞳子、舌、身等是根，所
以根應為定。但論者認為，根和瞳子都是不可見到的。他又引經中
所說：五根是物質，是不能見到，但有對礙的。如果根可以被我們
看見，就應能分辨哪為是根，哪為非根。

　　問者所說的「定」應是指具體的存在，是五根可以接觸到的。

他一直堅持根是具體存在的東西，所依據的就是經中所說，五根是由四大形成的物質性的東西。論者承認五根是物質性的東西、是有對礙的，但他認為五根是不能接觸到的。除了引經作證外，論者再以死人和活人作比較來論證在人身上可見到的具體東西並不是根。他指出根應有能見的作用，倘若人體上眼或眼瞳子就是根，這些東西在死人身上也有，那麼死人也應能見東西。由於死人不能見東西，可知人身上這些具體的器官都不是根。論者認為五根除了由四大構成外，還需由業力驅動，才能發揮認識事物的作用。他又認為，在人身上可以見到的器官不就是根。但他卻未能解釋何以五根是物質、又有對礙，卻不能見到。但他確定五根除了物質外，還包含業力。我們可見到的只是物質，業力卻不能接觸到。

15. 青、黃等色，名為色入。如經中說：眼入滅，色相離。是處應知。問曰：有說，業量亦是色入，所以者何？如經中說：黑、白、長、短、麁、細諸色。答曰：形等是色之差別。何以知之？若離色則不生形量等心。若形等異色，離色亦應生心，而實不生，故知不異。問曰：先生色心，後生形心，所以者何？黑、白、方、圓心不並生。答曰：長、短等相，皆緣色故。意識中生，如先見色然後意識生。男女相業，亦以諸有為法念念滅故。無滅法不去，以去故名為業。（大 32.273a-b）

「色入」指入於眼的顏色。如果眼損壞了，就不能接觸到色相。從這裏可見，「色入」不是指外在於主體的事物的性質，而是已成為主體的對象、已被主體認知的一種相狀。經中說：「黑、白、長、

短、粗、細諸色。」這裏的「黑、白」應是指顏色的深和淺，而不是兩種顏色。因為深和淺才是「量」，跟長、短、粗、細一般，是用來指述顏色在某方面的程度。這裏要提出一個問題：為什麼說長、短、粗、細是顏色呢？長、短、粗、細這些性質，在這裏稱為「業量」。「業」指有生有滅的事物，「業量」就是事物的大小、深淺等程度。因為長度和體積都屬於事物的量，所以稱為業量。為什麼說業量是色入呢？論者回答說，形狀、深淺等業量只是顏色上的差別，它們不是獨立存在的。因為，如果沒有顏色，就不會生起形狀等對業量的認識。如果形狀等是離開顏色而獨立存在的，則沒有顏色亦應能生起形狀等的認識。但事實上不能夠。所以說形狀等是不離顏色的。繼續談到色和形的先後問題，問者提出，為什麼先有對顏色的認識，然後才有對形狀的認識呢？另外，為什麼黑、白、方、圓等業量的認識不能同時生起呢？論者指出，由於對形狀的認識是以顏色作為條件，必須具有顏色這個認識條件，然後才能在意識中生起形狀的認識。所以色心在先，而形心在後。另外，業的特徵是念念滅去的，不滅的事物不能稱為業。在一念中，只能生起某一相狀，而這相狀生起後就立刻滅去。所以不同的相狀不能同時存在。

粗略地說，顏色和形狀都是「色入」，即是都同屬視覺的對象。但論者很清晰地區分了兩者。他指出形狀是不能離開顏色而存在的。因為形狀本身是沒有內容的。這「內容」指存在的質體。形狀與顏色的關係應是這樣的：顏色是某種呈現在視覺中的一個相狀，而形狀則是意識在這相狀上構作而成的。意識的這種構作是把這個相狀呈現的形態配以長、短、方、圓等概念，這些概念配上之後，就成為了這個顏色的相狀的形狀。論者說「長、短等相，皆緣色故」，就是由於意識以這個顏色的相狀為所緣而建構出長、短等形狀。顏

色是視覺以景物為所緣而生起的相狀，形狀則是意識以顏色的相狀為所緣而生起的。所以，相對地說，景物是質體，顏色是它的屬性；再進一步說，以顏色作為質體，形狀就是顏色的屬性。所以論者說，形狀不能離開顏色而獨立存在。亦由於顏色與形狀有著這種邏輯上和時間上的先後次序，所以論者承認「先生色心，後生形心」。

16. 心、意、識，體一而異名。若法能緣，是名為心。問曰：若爾，則受、想、行等諸心數法，亦名為心，俱能緣故。答曰：受、想、行等，皆心差別名。（大 32.274c）

心、意與識是同一事體的不同名稱。當事物作為「能緣」時，就稱為心。「能緣」與「所緣」相對，在一個構成認識的格局中，主體是能緣，而對象就是所緣。受、想、行等，都是能緣，所以都能稱為心。受、想和行是心在不同情況下的名稱。

17. 心、心數法，有緣有了，是故一時不應俱有，無多了故。又以一身，名一眾生，以一了故。若一念中多心數法，則有多了，有多了故，應是多人，此事不可。故一念中，無受等法。（大 32.276b）

這段的意思是說：種種心和心數法（即心所）都是具有攀緣和了別作用的，不能在同一時間出現，因為同一時間不應有多個認識產生。此外，一個身體之所以稱為一個眾生，是由於這個身體在一刻中只有一個認識作用。倘若在一念之中具有多個心數法，而每個心數法都具有認識作用，則一刻中就有多個認識作用，這就應有多

個眾生，這是不可能的。所以，一個生命主體，在一念之中只能生起一個心法或心數法。

這裏排除了在一刻之中，多個心法或心數法相應地生起的可能性（這種可能性在後期唯識的認識論中是承認的）。即是說，主體在任何時間，都只有一種認識活動在進行中。

18. 又經中說：眼見色不取相，取相即是想業。若佛聽識業而遮想業，當知或有識而無想。若人取相，是見已取，非是見時。故知識等次第而生。又經中說：眼見色已，隨喜思惟，是中亦先說識業。後說受等。又經中說：見是見等，故知非一切心盡有受等。又以五識相是事可明。所以者何？若人於眼識中不能取怨親相及平等相，是則無想，亦無憂喜，無分別故。或有人說，是中亦無貪等煩惱，故知無思能求後有，故名為思。此後當說。故知五識亦無思也。又汝等五識不能分別，此中云何當有覺觀？思惟分別，先澶後細，故名覺觀。又若五識中有覺觀者，如說欲我知汝，本皆由思覺生，是則覺時無欲，識時云何有覺？或有人言，五識中有想無覺。是覺因想生，云何想時有覺？是故應受五識無想、無覺、無觀，所以者何？五識中無男女分別，亦無受等分別，是中何所分別？又汝等說，五識次第必生意識。以五識無分別故，若五識中有分別者，何用次第生意識耶？（大 32.276b-c）

這段文字主要是論證前五識沒有分別作用。這裏首先指出：「眼見色不取相，取相即是想業。」即是認為眼識本身沒有「取相」的

作用，這作用是想業，即是應屬於意識的作用。將「取相」視為意識的作用，顯示「取相」已包含了分別作用，所以「取相」應是指將對象的相狀記憶下來，成為思想的材料。取相這種活動，「是見已取，非是見時」。「見」是眼識的活動，而取相是意識的活動。「見已取」顯示各識隨逐而生起，先是眼識生起而有「見」，隨後意識生起才有取相。若是「見時取」則表示眼識和意識同時生起，這不是本論的主張。引文中繼續反覆證明前五識沒有分別作用。文中引經說：「眼見色已，隨喜思惟」，這裏說先有「見」，後有「思惟」。「見」是「識業」的一種，「識業」指前五識的作用，其中眼識的作用為「見」；「思惟」即是「受等」。所以，先有「識業」，後有「受等」。這表示五識與思惟作用是一先一後的。此外，「隨喜思惟」亦表示出，對於眼識所見的色、耳識所聞的聲等等，不一定會進行思惟的，而只「隨喜」而進行思惟。「隨喜」可以理解為：隨著那些色等東西有否為意識所關注。引文中又提出「非一切心盡有受等」，這種說法顯然與後期，特別是唯識的知識論不同。唯識的知識論認為，心可與多個心所相應而生起，而且，觸、作意、受、想、思，稱為五遍行心所，即是一切心必與這五心所相應而生。依本論所說，五識中除了無受之外，亦是無想和無思。由思生覺，五識中無思，故亦無覺。「思惟分別，先麤後細，故名覺觀。」可見「覺」是粗疏的思惟，而「觀」則是細密的思惟。既然無覺，所以亦無觀。總結起來，五識中無受、無想、無思、無覺、無觀，這是由於五識沒有分別作用。沒有分別作用即是沒有概念化的能力，而受、想、思、覺、觀，都是以概念作為材料，所以沒有分別作用就沒有受等作用。

19. 覺、觀不應一心中生，以麤、細相違故。譬如振鈴，初聲為覺，餘聲曰觀……又若一心中有心數法，法則錯亂。所以者何？於一心中有知、不知、疑、不疑、信、不信、精進、懈怠，如是等過。又一切心數應盡在一心中，以何障故？苦、樂、貪、恚等，不在一心中。若汝謂苦、樂等相違故，不在一心中者，知、不知等亦相違故，不應在一心中，故無相應。（大 32.276c）

這段文字是論證不同的心數法不能在一心中相應地生起。論者首先以覺和觀為例。他說覺是粗疏的分別作用，而觀則是細密的分別作用。由於兩種作用互相違背，所以不可能在同一心中生起。「譬如振鈴，初聲為覺，餘聲曰觀」，這裏並不是說初頭的鈴聲與後來的鈴聲有什麼不同，而是我們初聽到鈴聲時，意識的作用剛從其他方向轉過來，仍未能作出清晰的辨別，所以這時對鈴聲的分別作用只是粗疏的。其後，意識集中在耳識以鈴聲為緣而生起的對象相上，這時就能清晰地進行分別。初頭的粗疏的分別作用稱為覺，其後的細密的分別作用稱為觀。論者認為，如果一心中同時有相違的作用存在，則對事物的認識就會生錯亂。例如知和不知、信和不信等相反的作用如果同時在一心中，則此心對於所認知的事物就不可能生起確定的、清晰的了解。又例如苦與樂，若同時在一心中生起，那時此心的感受究竟是怎樣的呢？貪是要取得某些東西，恚是要拒拆某些東西，這兩種相反的作用怎能同時存在於一心呢？所以相反的作用同時同處存在是不合理的。

然而，論者這裏的論證只能說明互相違反的心數法不能相應地生起，但不能確定沒有相違的心數法能否相應地生起。例如知、不

疑、信、精進等心數法，它們相互間沒有違反，能否相應地生起呢？
這段文字沒有討論到。

20. 因眼緣色，眼識生。三事和合，故名觸。若說心、心數法
　　一時生者，則無三事和合。若說一一生，則有三事和合，
　　以是等緣，故無相應。（大 32.277a-b）

由眼根認識對境而生起眼識，再由根、境、識和合而產生觸。
如果多個心和心數法同時生起，就是不依於根、境、識的三事和合。
因為一根、一境、一識和合只產生一觸，若有另外的心或心數法同
時生起，就要同時有另外的根、境和識的和合，這是不可能的。如
果說心和心數法逐一生起，就符合了三事和合而生觸的原則，因為
這樣才是「等緣」。「等緣」表示生起事物的緣，對等於生起的結
果。一根、一境、一識只生起一觸，所以不能有多個心或心數法同
時生起。

21. 今此心為一？為多？有人謂：心是一，隨生故多。答曰：
　　多心。所以者何？識名為心，而色識異，香等識亦異，是
　　故多心。（大 32.278b）

心只有一個還是有多個呢？論者認為，心應有多個。因為識就
是心，而色識、香識等，即眼識、鼻識等，都是不同的。所以識有
多個，亦即是心有多個。按唯識的說法，心王是一，心所則是多。

22. 諸相在心，力能決了，不以住故。若不爾者，於聲業中，

> 不應決了。所以者何？現見此事，念念滅故，而實決了，
> 故知不以住故能了。又以了為心，若了青非即了黃，是故
> 設使暫住，了青不能了黃。又了青時異，了非青時異。一
> 法不應二時，法與時俱，時與法俱。（大 32.280a）

事物的相狀在心中不需停住亦能確定地了解，否則，了解聲音的現起便不可能了。因為從經驗上可見，聲音是才生即滅、沒有停住的，而我們亦確實能夠了解聲音，所以對諸相的了解是無需要該等相狀停住下來的。了別為心的作用，當心在了別青相時，不能同時了別黃相，所以即使青相在心中暫住，在這個時段中也不能了別其他境相。了別青相是一個時間，了別其他相是另一個時間。同一事物不會佔據兩個時間的，因為「法與時俱，時與法俱」。這裏顯出了一種對時間的觀念。即使一個境相在心中停住，由於在這個時段中，此心只能了別這同一個境相，所以整個時段亦只等同一個時點。因為，照引文的解釋，心了別一個境相是一個時點，直至了別另一個境相才到達另一個時點。所以心了別同一個境相的時段無所謂長或短，都只是一個時點。時間與法是互相並存的。「法」即是這裏所說的境相。當一個境相出現在心中，時間必定伴隨著。即是說，任何境相必定佔據時間。另一方面，時間也不能獨立存在，必須有境相的生滅、轉換，時間才會隨之流逝。所謂暫住，是指某一事物存在著。一般人總以為，在這期間，時間不停地流逝。但這段文字顯示，時間的流逝是依於事物的變更的。有事物變更，時間才會流逝，倘若事物「暫住」，時間亦不應流逝。所以同一境相只會佔據一個時點，而不會有同一個境相存在而經歷著時間的流逝。所以根本無所謂停住或暫住。這就是「時與法俱，法與時俱」的意思。

　　這裏表現出的一種觀念，是時間不是獨立存在的，它是依於事物而存在；反過來，事物的存在亦必定佔據時間。所以，時間可以說是事物變更的一個標記。而所謂事物變更，確切地說應是心中的境相的生滅變化。境相每次生起，都以一個時點來標記，境相多次生滅就代表著多個時點的過去，亦即是一段時間的流逝。倘若事物不變，就沒有時間的流逝；倘若時間不斷流逝，即表示事物不住地變化。所謂事物的停住或變化，都是以時間來衡量的，而時間本身的建立是基於事物的變化。這樣看時間，傾向於觀念論的看法，不是實在論的看法。

23. 汝言諸識一時俱生，是事不然。所以者何？識待念生，如
　　經中說：若眼入不壞，色入在知境，若無能生識念，眼識
　　不生。故知諸識以待念故，不一時生。（大 23.280b）

　　論者認為，不同的識不能同時生起。這是由於識依待心念才能生起。如經中所說：若眼入（眼根）沒有損壞，而色入（色境）在知境，如果沒有能生起識的心念，則眼識不能生起。所以諸識亦待心念才能生起，不能同時生起不同的識。
　　從這段文字亦可推知，論者認為生起識的心念亦不能俱生，只能一個接著一個。

24. 心作發名念。此念是作發相，故念念能更生異心。又說：
　　念相能成辦事。如經中說：若眼內入不壞，色外入在現前，
　　是中若無能生異心念者，則眼識不生。問曰：諸識知皆以
　　念力生不？答曰：不也。所以者何？諸識知生不必定，或

以作發力生，如強除欲等；或以根力故生，如明目者能察
毫端。……若無能生異心念者，知識不生，所以者何？以
次第緣故，則知識有因，一一而生，又隨所偏（遍）處，
一一識生，譬如伐樹，隨傾而倒。又先說諸識，不一時生。
以是因緣，故知諸識一一次第生。（大 32.287a-b）

心生起作用時稱為念。論者認為，這個念能生起接著的心。即
是說，心生起作用成為念，在念的狀態中又生起另一個心，即接著
的下一瞬間的心。此外，在念的狀態中，又能作成某些事情。例如
在眼根面對外境時，還需要念，才能生起眼識。論者認為，識的生
起，除了受念力影響外，還受著根力的影響。例如憑著敏銳的視力，
可以看到很細微的東西。

這個念又是構成知識的必需條件。論者認為，這個念就是次第
緣，因為它能帶引出下一瞬間的心。必需有這個次第緣，識才能一
個接一個地生起，從而可生起對事物的認識。此外，亦由於必需有
這個次第緣才能生起識，所以識必定是一個接一個地生起的，不能
同時生起多個識。

25. 若心散行，數數起生，是名為覺。又散心中亦有麤細，麤
名為覺，以不深攝，故名麤心。……散心小微，則名為觀。
是二法者，遍在三界，以是心之麤細相故。又散亂心名為
覺觀，以此相故，應一切處。……又五識無分別故，無有
覺觀。（大 32.288b-c）

散亂的心生起稱為覺。散亂的心又分兩種，粗疏的散心稱為覺，

細微的散心稱為觀。覺和觀遍在於三界。由於這心有粗相亦有細相，故能遍在於一切處。此外，由於五識無分別的能力，所以沒有覺觀。論者的意思殆是，覺觀是連著分別的能力說的；只有意識有分別能力，故有覺觀。

26. 問曰：云何知瓶等物假名故有，非真實耶？答曰：假名中示相，真實中無示相。如言此色是瓶色，不得言是色色，亦不得言是受等色。又燈以色具能照、觸具能燒。實法不見如是，所以者何？識不以異具識，受亦不以異具受。故知有具是假名有。又因異法成，名假名有，如因色等成瓶。實法不因異成，所以者何？如受不因異法成。又假名多有所能，如燈能照、能燒，實法不見如是。所以者何？如受不能亦受亦識。（大 32.328a）

　　論者在這段文字中對假名和五蘊之類的實法進行分辨。他認為，我們日常所認識的東西，都是建立在假名上的，因為只有假名才顯出相狀（laksana），而實法則沒有顯出我們可以認識到的相狀。例如我們見到瓶子的顏色，我們只能說這些顏色是屬於瓶子的，而不能說是「色色」。「色色」表示五蘊中的色蘊的顏色。雖然瓶子是色蘊所構成的，但色蘊本身並沒有顯出顏色來讓我們認識到，我們所見到的顏色是屬於假名，即這瓶子的。所以我們只看到瓶子的色，而不是看到色蘊的色。其餘的四蘊亦沒有顯出相狀讓我們認識。

　　所有假名都具有某些東西，使它們本身能發揮作用。例如燈具有色（這「色」應指光線）所以能照明；具有觸（即可觸摸的東西，例如蠟、燭芯等）所以能夠燃燒。但實法不會具有任何其他東西，

例如識蘊不會因具有某些其他東西而有識的作用，受蘊亦不因具有其他東西而有受的作用。

假名是由其他東西構成的，而實法則不由其他東西構成。例如瓶是由泥、顏料等東西構成，但五蘊則不由其他東西構成。

假名可以有多種作用，而實法則只有本身一種作用。例如燈能照明，亦能燃燒。而受蘊則不能兼具識等其他作用。

這段文字顯出，論者把我們日常所認識到的東西都視為由假名顯出的相狀，而把五蘊視為實法。他認為實法是不能被我們直接認識到的，我們所認識到的，只是以實法為基礎而形成的東西。我們對這些東西賦予假名，由這些假名顯出的相狀就是我們所認識到的。這裏把我們直接認識到的東西視為假名，但承認這些假名具有實法為基礎，所以仍然屬於一種實在論。

27. 於一物中得生多識，是假名有，如瓶等。實法中不爾，所以者何？色中不生耳等諸識。（大 32.328b-c）

從一件東西之中，如果能生起多種識，那東西就必定是假名有。因為從實法中不能生起多種識，例如從色中不能生起耳等識。

這段文字似要指出，假名有可以在一物中生起多識；而實法則不能。但文字中沒有說明實法是只能在一物中生起一識或是完全不能生起。從行文上看，似乎前者較大可能，即是說實法只能一物生起一識。引文中最後一句「色中不生耳等諸識」，是要舉出例子來支持前面的說法，即實法只能在一物中生起一種識。照這個脈絡，這個「色」顯然應是實法的一種。但按照例子本身看，「色」應是指色、聲、香、味、觸五境中的色境，亦即顏色。因為顏色不能生

起耳等諸識，而只能生起眼識，這個意思很清楚，亦能配合一物只能生起一識的說法。但這樣豈不是把顏色也視為實法？這點又似有疑問。如果說「色」代表色蘊，色蘊不單是不能生起耳等識，它根本不能生起任何識，因為上文提到，只有假名才顯出相狀給我們認識。

> 28. 又有四論：一者一，二者異，三者不可說，四者無。是四種論皆有過咎，故知瓶等是假名有。一者色、味、香、觸即是瓶。異者離色等別有瓶。不可說者，不可說色等是瓶，離色等有瓶。無者謂無此瓶。是四論皆不然。故知瓶是假名。（大 32.328c）

這裏出現一種「四句」的模式，但這種四句跟中觀學所常用的四句不同。這裏的四句中的前三句是用來說明「色等」與瓶的關係，第四句則指瓶根本不存在。最後還透過否定這四句來指出瓶是假名。按照這樣的脈絡，可知論者是先假設瓶是一種實法，而實法與色等有三種可能的關係，最後由於三種關係都不成立，從而推知瓶不是實法。再加上否定第四句，即是瓶並非不存在，所以瓶必定是假名。

四句的第一句指色、聲、香、味、觸與瓶是相同的。第二句指色等與瓶是完全別異，即是說，瓶是離開色等而獨自存在的。第三句是否定前兩句，即是色等與瓶不可說是同一，亦不可說完全別異。第四句指此瓶根本不存在。引文說，這四句都不能成立，所以瓶是假名。至於為何說這四句都不成立，下文將逐一解釋。

29. 一論過者，謂色等法相各差別，若為一瓶，是則不可。（大
　　 32.328c）

這裏解釋第一句，即色等與瓶為同一，為何不成立。因為色、
聲、香、味、觸各有不同的特性，如果瓶與色同一，就不可能與聲、
香、味、觸也同一。所以色等與瓶同一的說法不成立。

30. 問曰：異論中有何等過？答曰：離色等法，更無地也。何
　　 以知之？不離色、香、味、觸生地心，但於色等法中生心。
　　 所以者何？如色異聲等，異不待聲等而生色心。若離色等，
　　 別有地者，亦應不待色等生地心。而實非不待，是故無別
　　 有地。（大 32.329b）

這裏解釋第二句，即色等與瓶完全別異，為何不成立。瓶由地
大構成，而離開了色等就沒有地。因為對於地的意識是不離開色、
香、味、觸的。論者認為，一切認識都是由色等之中生起的。如果
地與色等完全別異，就應能不依待色等而生起對地的認識。但事實
上，如果沒有色、香、味、觸，就沒有任何對於地的認識，所以地
與色等不是完全別異的。

31. 問曰：不可說論中有何等過？答曰：實法無有於一、異中
　　 不可說者。所以者何？無有因緣譬喻以此知不可說，色等
　　 法實有故，非不可說也。（大 32.330a）

這裏解釋第三句，即色等與瓶的關係不可說，為何不成立。論

者認為，若是實法，則其與色等的關係不會是不可說同一，又不可說是別異。即是說，實法與色等的關係若不是同一就必是別異，不會兩種皆不可說。沒有任何因緣或譬喻才是不可說。而色等是實有，所以並非不可說。

32. 問曰：無論中有何等過？答曰：若無則無罪福等報、縛解等一切諸法。又若執無所有，是執亦無。以無說者、聽者故。（大 32.330b）

這裏解釋第四句，即瓶等事物根本為無，為何不成立。論者說，如果瓶等事物根本不存在，就應沒有罪福等果報，以及束縛、解脫等一切事情。又如果這樣地執著一切皆無，這執本身亦應沒有，因為沒有這種議論的說者和聽者。

33. 眼不能見細色，意不能取現在色，是故色不可取。又眼識不能分別是色，意識在過去不在色中，故無有能分別色者。無分別故，色不可取。又初識不能分別色，第二識等亦復如是，故無有能分別色者。（大 32.330c）

這段以及下面數段文字，是在《成實論》的最末部分，這幾段文字都傾向於否定認識的可能性。對於六識的體相，這幾段文字都有著共通之處。首先，前五識的作用只能取現在境，沒有分別的能力。第二，意識具有分別能力，但不能直接取現前的外境。第三，文中似顯出前五識與意識是截然分開的，各有自體亦各有功能，前五識所取的境不能由意識處理。

　　現先看這段文字。這裏舉出幾個理由說明事物不能被認識。首先，眼不能見「細色」，而意不能取現在色。「細色」應是指最基本的物質，即極微的色，小乘一般認為我們日常看見的是由眾多極微結合構成的粗色，而個別極微的細色是不能見到的。而意識又不能取現前的境。第二，眼識對於所取的境沒有分別能力，而意識在該色境現前時，又沒有直接接觸過該色境，所以亦不能對該色境進行分別。由於不能進行分別，所以不能認識到事物。第三，除眼識外，其餘的耳、鼻、舌、身識同樣是沒有分別能力，所以不能分別任何外境。

34.　問曰：眼識取色已後，以意識憶念，是故非無分別。答曰：眼識見色已即滅，次生意識。是意識不見色，不見云何能憶？若不見而能憶者，盲人亦應憶色，而實不憶。是故意識不能憶也。問曰：從眼識生意識，是故能憶念。答曰：不然。所以者何？一切後心皆因眼識生，皆應能憶，又終不應忘，以從彼生故，而實不然。故知意識亦不能憶。如憶虛妄，取色瓶等萬物，亦皆虛誑。無而妄取，是故無一切物。（大 32.330c-331a）

　　問者提出：由眼識取境，然後由意識記憶著來進行分別，所以不是沒有分別。

　　但論者認為，眼識取色境後立即就滅去，然後才生起意識，可見意識完全沒有接觸過該色境，所以不可能產生該色境的憶念。這點牽涉到《成實論》一貫的說法，就是在同一刻中只有一種識生起，沒有兩種識能同時生起。由於眼識滅去才能生起意識，所以意識不

能接觸到該色境。在這點來說，唯識有不同說法。它認為意識可伴隨著眼識等任何一種感識生起，所謂五俱意識也。

問者又提出：從眼識生意識，所以意識能憶念。這表示眼識與接著的意識之間有一種延續性。問者認為這種延續性能令眼識所取的色境留存給意識。

論者不同意從眼識生起意識，因為，如果隨著眼識而生的意識都是從眼識中生起的，則眼識所取的境應永不會忘失。但事實上，眼識取的境是會忘失的。所以，隨著眼識而生起的意識，不是從眼識中生起的。亦由於現識不是從前識中生起，所以意識本身亦沒有憶念的作用。再者，如果意識中的憶念由眼等五識而來，那麼，日常在意識中出現的虛幻憶念，例如一些幻想，亦應從五識所取的外境而來，這樣，萬物亦成為虛幻了。由於前五識所取的境不能由意識進行分別，所以不應有對事物的認識。

35. 若說眼見為到色見，為不到能見？若到則不能見，眼無去相，是事先明。若不到而見，應見一切處色，而實不見，故知非不到能見。……是故到與不到，俱不能見。故知色不可見。（大 32.331a）

論者再從另一角度論證事物不能被認識。現假設眼能見事物，那麼在見事物時，眼是接觸到該事物而見，或是不接觸到該事物而見呢？若說要接觸該事物才能見，上文已解釋過，眼不能前去接觸事物，所以應不能見。倘若不接觸事物亦能見，則眼應能見到任何沒有接觸到的地方，但事實上不能。既然需接觸時，眼不能見；無需接觸時，眼亦實在不見，所以色境在任何情況下都應不能見。此

外，同樣理由，聲、香、味、觸境亦不能認識到。

36. 意識亦不能取法。所以者何？意識不能取現在色、香、味、
　　觸，先已說。過去、未來則無。是故意識不取色等。（大
　　32.331b）

　　這段文字說明意識亦不能認識事物。前面已提過，意識不能取
現在境，而過去、未來的事物是不存在的。所以，意識不能認識任
何境。

總　結

　　原始佛教談到識的生起時，都是說以根、境為緣而生識。這是
一種較為素樸的對認識的理解。《成實論》在這一點上，有較為理
論化的處理。論中以四緣作為識生起的因素，而根則屬於四緣中的
「增上緣」，境屬於「緣緣」。由於其餘二緣，即「因緣」和「次
第緣」是經常具備的，所以只待增上緣和緣緣，便能生起識。這樣
便解釋了何以說以根、境為緣便能生起識。

　　在認識的客體方面，《成實論》認為對象事物只在現世存在，
而在過去世和未來世都不存在。這種說法正好針對了說一切有部的
三世實有、法體恆存的觀念。論中亦對事物間的因果關係作了詳細
的論述。論者認為，凡事物必從因生，沒有無因而生的事物。在時
間性上，必定是先因後果，而不會因果同時的。而因與果之間必具
有相似性，但兩者不會相同。

　　《成實論》指出，認識事物的能力不在於五根和五境，雖然這
十種東西都是直接參與在認識活動當中，而且都是必需的條件。論

者把認識能力歸於識所有。相對於根和境，識是較為抽象和內在的東西，這顯出本論在知識論上向著抽象的理論方向發展。然而，在某些地方，本論仍採用了相當粗疏的處理方法，例如討論「見」的條件時，論者列舉出與知境相違的情況，但在列舉當中，沒有顯出列舉的原則，更難以判斷所列舉的是否已包括了一切可能的情況。

《成實論》對於認識客體的存在性似未有一種確定的說法。在很多地方，論者似針對說一切有部的三世實有的實在論觀點。但對於事物在現在世的存在仍然是肯定的。此外，論者又區分了假名和實法。他指出，由其他事物組成的東西便是假名，例如瓶。但用以組成其他東西，而不由其他東西組成的，例如五蘊，便是實法。這又顯出了實在論的傾向。然而，有一點是值得留意的，就是論者提到了世俗諦（saṃvṛti-satya），並在世俗諦的前提下說事物為有。這顯示論者或許以權宜的方式討論世間事物時就說事物為實有，但實際上仍採取非實有的觀點。

在認識主體方面，本論討論了心和心所在認識活動中的作用和生起作用的情況。論者指出，心和心所各自都有獨立的攀緣和了別的作用。亦由於各自有這些認識作用，所以論者認為各種心和心所不能同時生起，否則就會在同一時間生起不同的認識作用。同樣地，在認識的過程中，各種識亦不能同時生起。首先是根、境結合而生識。以眼識為例，「見」的能力為眼識所有，但眼識就只能見色，而不能取相。取相的能力為意識所有。但由於眼識和意識不能同時生起，必定是先起眼識，再隨之而起意識，所以見和取相不是同時進行的，而是先由眼識見，然後由意識取相。由於前五識沒有分別作用，所以意識必定緊隨著五識而生起，否則就不能達到對事物的認識。

論者又從另一角度論證心、心所不能相應地生起。他提出，由

於心所之間在性質上有相違的情況，例如信與不信、精進與懈怠等，所以心所不能同時生起。但論者這樣的論證卻不能否定不相違的心所，例如信和精進同時生起的可能性。

　　關於知識論的問題，論中提出了很多見解，亦進行了很詳細的討論。但到了最後部分，卻提出論據來否定認識的可能性。這點實在令人費解。論證中運用了上文得到的一些結論，例如：事物在現世存在，在過去和未來都不存在；諸識不能同時生起；前五識無分別能力，唯意識能分別等。他的論證大致是這樣：由於諸識不能同時生起，故當眼識生起，見到事物時，意識仍未生起，所以不能對事物進行分別。到意識隨著生起時，眼識必定已滅去。過去了的眼識已不存在，而意識又不能直接見到事物，所以亦不能認識事物。再者，就算意識能承接眼識所見到的影象，但這影象傳到意識時已成為過去的東西，而過去了的境是不存在的，所以意識亦不可能認識到存在的境。

　　如果整部《成實論》的論旨是一貫的，我們或許可以這樣地理解：論者在討論認識的問題時，都是在事物為實在的假設上而說，即是在論者所說的「世諦」中進行討論。而最後否定認識的可能性，目的就是要否定這種實在論的假設，而證成非實在論的真諦（paramārtha-satya）。

參考用書

1.　平井俊榮、荒井裕明、池田道浩疏釋《成實論》I、II，東京：大藏出版社，1999-2000。

2.　Surendranath Dasgupta, *A History of Indian Philosophy*, Vol. I, Delhi: Motilal Banarsidass, 1992.

第八章 《瑜伽師地論》

簡介：《瑜伽師地論》（*Yogācārabhūmi*）是唯識學的重要文獻，漢傳佛學以為是彌勒（Maitreya）所說，藏傳佛學則以為是無著（Asaṅga）所作。有梵文原典、西藏譯和漢譯。漢譯是由玄奘所譯。

1. 云何眼識自性？謂依眼了別色。彼所依者，俱有依謂眼，等無間依謂意，種子依謂即此一切種子執受所依，異熟所攝阿賴耶識。如是略說二種所依，謂色、非色。眼是色，餘非色。眼謂四大種所造，眼識所依淨色，無見有對。意謂眼識無間過去識。一切種子識謂無始時來，樂著戲論，熏習為因，所生一切種子異熟識。彼所緣者，謂色，有見有對。此復多種，略說有三，謂顯色、形色、表色。……如是一切顯、形、表色，是眼所行、眼境界、眼識所行、眼識境界、眼識所緣、意識所行、意識境界、意識所緣，名之差別。……彼助伴者，謂彼俱有相應諸心所有法，所謂：作意、觸、受、想、思，及餘眼識俱有相應諸心所有法。又彼諸法同一所緣，非一行相，俱有相應，一一而轉。又彼一切各各從自種子而生。彼作業者，當知有六種，謂唯了別自境所緣，是名初業；唯了別自相；唯了別現在；唯一剎那了別。復有二業，謂隨意識轉，隨善、染轉，隨

發業轉。又復能取愛、非愛果，是第六業。（大 30.279a-b）

這段文字分析眼識（cakṣur-vijñāna）的自性（svabhāva）、所依（aśraya）、所緣（ālambana）、助伴（parivāra）和作業（abhisaṃskara）。這自性指事物的本質，眼識的本質主要是就作用而言，而不是指一個常住不變的實在的自體。眼識的自性就是依於眼根而對色境進行了別。可見眼識的本質是一種作用或能力，而不是如眼睛一般指一件具體的東西。

眼識的所依是什麼呢？所依表示構成的因素。構成眼識的因素有三種，為俱有依、等無間依和種子依。眼識的俱有依指眼識須依賴而生起的因素，而這因素與眼識是同時存在的。這因素就是眼根。眼識的生起必定緊隨著前識，在前識滅去時，眼識就緊隨著而生起，兩識之間毫無間隔。此前識就是眼識的等無間依。引文說，眼識的等無間依是「意」。這「意」指意識（mano-vijñāna）。為什麼眼識的前識必定為意識，而不是耳、鼻、舌、身等識呢？因為前五識中任何一識生起後，必有意識緊隨著而生起（關於這點，下文將再討論），必須待此意識滅後，才能生起其他識。所以眼識不可能緊隨耳、鼻、舌、身等識，而只能隨著意識的滅去而生起。種子是事物在現起之前的依據。一切事物在現起之前，都以潛藏的形態存在著，這些在潛藏形態中的事物就是種子。而種子從潛藏形態轉為現行形態後，就變成某事物。一切種子都依附著某一東西而聚在一起，亦可說是這一東西執持著一切種子，這東西就是阿賴耶識（ālaya-vijñāna），亦稱為異熟識。此阿賴耶識不單為眼識的種子依，亦為其餘所有事物的種子依。以上所說的眼識的所依有三種，亦可簡單地分為兩類，一類是「色」，另一類是「非色」。眼識的俱有依，

即眼根屬於色，其餘二種依屬於非色。色指物質性的東西，眼根由四大種所造，是眼識所依的淨色根（rūpa-prasāda）。它不能見到，但有對礙，即是不能與其他東西共用同一空間。這不是指眼球，眼球稱為扶塵根。眼根應是指體內的眼球以外的視覺系統，故此一般不能見到。意和一切種子識都是非物質性的東西，這是非色。意即意識，即有眼識之前，為眼識所緊隨的識。一切種子識攝持一切種子，這些種子是從無始以來，由於主體作業，執著世間事物為實在，由業所熏習而成的。在這裏應注意一點，這裏說一切種子皆以熏習為因，但唯識特別是後來的護法（Dharmapāla）有所謂「本有種子」和「新熏種子」之說，兩者有否矛盾仍需研究，但已非本文的研究範圍。

眼識的所緣是「色」。這「色」指顏色，能夠見到，亦有對礙。這裏把色分為三種，分別是：顯色、形色和表色。顯色指對境的不同程度的光暗、深淺、清濁等。形色指構成的形狀，即方、圓、長、短等。表色就是不同的顏色，如青、紅、黃、白等。我們可以這樣地理解這裏所謂的三種色，從客體方面說，它們都是一個眼識對境所同時具有的三方面性質；從主體方面說，這三種色是眼識以對象為緣而生起的表象所具有的三方面性質。例如遠處的一座山作為我們的眼識的所緣，它被霧籠罩著，所以在顯色方面是矇矓的，形色方面是近乎三角形，而表色方面則是褐色。總的來說，顯色、形色和表色都離不開顏色而存在，但是在呈現上仍可分析為三種性質。這三種色又稱為眼所行、眼境界、眼識所行、眼識境界、眼識所緣、意識所行、意識境界、意識所緣等，這些都是名稱上的差別，本質上都是這三種色。

眼識的助伴指伴隨著眼識一同生起的心所（caitasa），這些心

所是構成以某種認識為中心的心理作用的能力，它們包括作意、觸、受、想、思和其他與眼識相應的心所。前五者遍與一切識（即心王）相應，其他四十六種心所則就著個別認識而生起，例如當對象是順適的，就會生起欲，甚至貪等心所。引文說「彼諸法同一所緣」，這句說話有一點值得斟酌，「彼諸法」應是指以上說的各種相應的心所，但這句的意思是「各心所都以同一事物為所緣」或是「各心所跟眼識一樣以同一事物為所緣」呢？前者的意思有兩種可能：第一、各心所同樣以某一外境（從唯識的立場說，所謂外境只是指疏所緣緣（ālambana），非真正外在於主體的事物）為所緣；第二、各心所同樣以眼識本身為所緣。後者只有一個意思，就是各心所與眼識一樣，以同一外境為所緣。對於這個問題，單就引文，沒有任何線索可以弄清楚。熊十力先生認為，當眼識緣青境時，其相應的心所亦同緣青境。[1]眼識緣「外在的」青境而生起相分，以此相分為緣而起見分，即此相分亦作為所緣（親所緣緣）。外在的是青境，這時的相分亦是青境，究竟心所所緣的是外在的境還是作為相分的「似外境」呢？按照一般唯識學者對五識現行的詮釋，以眼識為例，當眼識現行時，眼識生起與外境相似的形態，而為相分，而眼識中的見分就對此相分進行認識，與此同時，俱意識與各種心所就相應地生起。在整個過程中，唯一與外境有關連的就只有相分。所以，各心所以外境為所緣的說法未為唯識學所取。按照這種說法，在邏輯的次序上，應是眼識生起在先，心所生起在後。但在時間上則無分先後，因為「相應」的意思包含了在時間上的同一性。各心所雖然緣著同一境而生起，但各自由本身的種子轉生，所以各心所生起

1　熊十力著《佛家名相通釋》（上海：東方出版中心，1996），頁 50。

時的行相是各異的。這即是說，同一境相能牽動不同的種子同時現起，轉生成不同的心所。由於各種子都有獨立的自體，而且都是直接為對境所牽動，所以在心所之間沒有依附的關係，故說「一一而轉」。

引文說，眼識的作業有六種。所謂六種作業，是指作業的六種特徵。第一種特徵是「唯了別自境所緣」，這表示眼識只了別本身的所緣境，即是色境，而不會了別其他識的境，例如聲境、香境等。這種作用稱為「初業」，表示這是認識活動的最初的作用。第二種是「唯了別自相」。眼識只了別對境的自相（svalakṣaṇa），意思是它只會認識對境本身，而不會把對境的某些性質抽象出來，成為與其他事物共有的相狀。第三種是「唯了別現在」，這表示眼識只了別現前的境，而不會追憶過去或預測未來的事物。第四種是「唯一剎那了別」。唯識學派對於事物存在的形態採取剎那生滅的看法，所以他們會認為眼識的生起亦只是一剎那之事。然而，眼識能否接連地多次生起呢？答案應是否定的。因為眼識生起之後，必有意識緊隨著而生起，所以必須待意識過去後，才能生起另一次的眼識。故此，眼識只能在生起的一剎那中發揮它的了別作用。第五種是「隨意識轉」，這表示眼識在德性方面跟隨著俱起的意識，意識能夠決定發善業或染業，當意識發善業，相應的眼識就是善性；當意識發染業，相應的眼識亦隨之為染。眼識作業的第六種特徵是能緣取可愛的或非可愛的對境。唯識學認為，對境是從種子生起，而種子是潛藏著過去的業力，所以對境就是從前作業的果報。這些果報有可愛的，有非可愛的，兩種果報都能為眼識所緣取。

論中亦提到其餘四轉識的自性、所依、所緣、助伴和作業。耳識的自性為依耳根了別聲境；鼻識為依鼻根了別香境；舌識為依舌

根了別味境；身識為依身根了別觸境。各識的所依和所緣亦對應於其自性。助伴和作業亦是大同小異，這裏不另贅述。

> 2.　由眼識生，三心可得。如其次第，謂率爾心、尋求心、決定心。初是眼識，二在意識，決定心後，方有染淨。此後乃有等流眼識，善、不善轉。而彼不由自分別力，乃至此意不趣餘境。經爾所時，眼、意二識，或善或染，相續而轉。如眼識生，乃至身識，應知亦爾。（大 30.280a）

　　這段文字解釋從轉識生起後，隨之而起的認識過程。這過程分三步驟，從心的不同表現來說。依次序是率爾心、尋求心、決定心。率爾是直接、驟然和如此這樣的意思。率爾心是眼識緣對境而生起時，最先產生的一種心念。這心念是直接依照著對境，第一時間產生的。現在的問題是：這率爾心的自體是什麼呢？它是隨著眼識，另從自種子生起的，抑是跟眼識屬同一種子呢？按理答案應是後者。因為緣對境的是眼識，如果率爾心由另外的種子生起，它如何緣取對境呢？如果它緣取眼識的相分，則不應稱為率爾，因為已經與對境無直接關係。所以，率爾心應與眼識屬同一種子。這率爾心應理解為轉識本身的一種狀態。這即是說，率爾心的自體就是眼識本身。眼識在初接觸到對境時，立刻生起跟對境相同或相似的相狀，這時就稱為率爾心。

　　尋求心和決定心屬於意識。這兩種心的自體應是意識，亦應理解為意識的兩種狀態。眼識一生起，意識亦緊隨著而生起。意識首先會對從眼識獲得的影像推尋、分別，以清楚辨別該影像，這時候的意識稱為尋求心。在辨別影像之後就會對所認識的事物作出判

斷,這時稱為決定心。這種判斷基本上是一種價值上的判斷,判斷的結果會令認識成為染或淨。當採取顛倒的價值判斷時,認識就會成為雜染的;若採取非顛倒的價值判斷,則成為清淨。

　　經過了意識的判斷之後,對於此對境會生起等流眼識。「等流」表示與意識在性格上同等,即意識為染,此等流眼識亦為染;意識為淨,此等流眼識亦為淨。染淨並不是眼識本身能夠造成的結果,因為這是由分別能力所造成的,而眼識本身無分別能力。這分別能力屬意識所有,經意識的判斷而起或染或淨的認識,從此時開始,直至意識趣向別的對境之前,眼識和意識相繼轉生,而意識所造成的善性或染性亦為眼識所承接,這就是等流眼識。眼識在最初接觸對境時所起的認識並沒有善性或染性,及至意識的決定心生起後,才有所謂或善或染的認識。其餘四轉識的生起情況亦如眼識一般。

3.　云何意地?此亦五相應知,謂自性故、彼所依故、彼所緣故、彼助伴故、彼作業故。云何意自性?謂心、意、識。心謂一切種子所隨依止性、所隨性,體能執受,異熟所攝阿賴耶識。意謂恆行意及六識身無間滅意。識謂現前了別所緣境界。彼所依者,等無間依謂意,種子依謂如前說一切種子阿賴耶識。彼所緣者,謂一切法如其所應,若不共者所緣,即受、想、行蘊、無為、無見無對色、六內處及一切種子。彼助伴者,謂作意、觸、受……如是等輩,俱有相應心所有法,是名助伴。同一所緣,非同一行相,一時俱有,一一而轉,各自種子所生,更互相應,有行相,有所緣,有所依。彼作業者,謂能了別自境所緣,是名初業。復能了別自相、共相。復能了別去、來、今世。復剎

那了別，或相續了別。復為轉隨轉發淨、不淨一切法業。
復能取愛、非愛果。復能引餘識身。又能為因發起等流識
身。又諸意識望餘識身，有勝作業，謂分別所緣、審慮所
緣。（大 30.280a-b）

　　前面介紹的「五識身相應地」對應於前五識，而前五識都是以
物質性的東西為對象，所以五識身相應地是物質性的境界。而「意
地」則是指精神性的境界而言。此意地亦有自性、所依、所緣、助
伴和作業等五相。這段文字就是介紹意地的這五方面的性質。首先
是意自性，這包括「心、意、識」。意地包括了三個基本上是獨立
的，即各自由本身的種子生起的自體。心指一切種子的「所隨依止
性」和「所隨性」，此心體能執持這一切種子。按照唯識學所說，
種子可分為有漏種子和無漏種子兩大類。有漏種子發揮的功能令眾
生處於雜染的境界；當無漏種子發揮功能時，主體就處於清淨的境
界。有漏種子隨著此心體流轉，而且依附於此心體中，為此心體所
執持。而且，當此心體出現轉化時（即轉識成智時），就會消滅。
這類種子對於心體來說是「所隨依止性」。無漏種子只是暫托於此
心體中，亦隨著此心體流轉。但當無漏種子發揮功能時，此心體會
轉化成清淨的智。這時，無漏種子仍然存留，所以無漏種子並非依
賴此心體而存在，只是暫時寄存於此心體中，隨之流轉。所以對於
此心體來說，無漏種子是「所隨性」。這心體執持一切種子，包括
有漏種子和無漏種子。而這心體本身亦為種子生起的異熟果體[2]，稱

2　關於異熟果體的意義，可參考一般唯識學的論著，此非本文的研究範
　　圍。

為「阿賴耶識」。「意」只是「意地」的一部分，所指的是「恆行意及六識身無間滅意」。稱為「恆行意」，表示此「意」不間斷地現行。相對地說，前五識在很多時候不起作用，例如在黑暗中，眼識不起；在寂靜中，耳識不起等。第六識亦在沉睡中不起作用。但此「意」在一般人來說是恆常地作用的。只有在修行者進入極深沉的禪定時，此「意」才不起作用。所以稱之為「恆行意」。「六識身無間滅意」表示這「意」是第六識的「無間過去識」。末那識在第六識之先，作為第六識的所依，開導出第六識。而且，末那識是恆時生起的。所以，這「意」就是第七末那識。

「識」的本質是「現前了別」。「了別」是意識的作用，然而，佛教一般都承認意識能了別一切法，這包括過去、現在和未來的所有東西，為什麼這裏說「識」是「現前了別」呢？我們可以這樣地了解：過去的東西在過去為我們所認識，這些認識留存了下來，在我們憶念時，這些認識以概念的形式生起，成為意識的所緣境，所以意識能了別過去的東西。但這個代表著過去的東西的概念，它成為意識的所緣境時，是在意識的現前，為意識所了別的。所以，雖說意識能了別過去的東西，但它的作用的對象仍是現前的。至於未來的東西，亦須要以概念的形式呈現在意識的現前，才能成為意識的所緣境。一般所謂現在的事物，是指在五識或意識的現前被認識的東西。五識攝取了現前的東西的影像，再由意識進行了別。在意識進行了別時，那些影像所代表的東西已經過去，但影像本身仍然是在意識的現前，成為意識的所緣境。所以，無論是過去、現在或未來的東西，當它們以概念或影像的形式成為意識的所緣時，都是出現在意識現前，而意識進行的了別作用，都是現前了別。

「彼所依」指意識的所依。意識的所依有兩種：等無間依為「意」

（即末那識），種子依為阿賴耶識。

　　第六意識緣一切法。一切法當中，部分亦為前五識所緣，而不為前五識所緣的法有：受、想、行蘊、無為法、無見無對色、六內處及一切種子。其中的無見無對色是指「無表色」，這是物質性的東西，不能用感官接觸到，亦沒有對礙。六內處即六根，亦是感官不能接觸到的。

　　意識的助伴包括一切心所法。這些心所法與上文提到的五識相應的心所法無什麼分別，但五識並不與全部五十一種心所法相應。

　　意識的作業跟前五識的作業有很多不同的地方。下表根據引文，列出意識的作業和前五識的作業的異同：

意識	前五識
能了別各自的所緣境	相同
能了別自相、共相	只能了別自相
能了別過去、未來和現在的境	只能了別現在的境
能剎那了別，亦能相續了別	只能剎那了別
能轉生或隨前識轉生淨、不淨業	只能隨他者轉生淨、不淨業
能取愛、非愛果	相同
能引餘識身	無此功能
能為因發起等流識身	無此功能
能起分別所緣、審慮所緣	無此功能

意識作業的範圍包含了前五識的所有範圍，而且超出很多。意識能了別事物的自相和共相，這共相是事物之間共同的性質，是經過抽象作用才認識到的。前五識沒有這種抽象作用，意識則具有。現在

的境為具體的事物，前五識能夠了別，而過去和未來的境都是抽象的東西，只有意識才能了別。前五識只能一剎那生起，不能連續生起，所以只能剎那了別。心、意、識卻能接連地生起，所以能相續了別。不過，這種相續不是相同。就後來的種子六義的「剎那滅」一義來說，一切心識都有其種子，而種子是剎那滅的，因而由種子現行而得的不同瞬間的心識，亦不能完全相同。前五識沒有分別作用，不能自行轉生，只能隨意識轉生淨、不淨業，意識有分別作用，能起決定心，故能自行轉生淨、不淨業，亦能隨前識轉生淨、不淨業。上文已提到，意識為五識的等無間依，故能引生五識身。另外，意識能決定認識的善、不善性格，令隨之生起的感識同以這種德性生起，成為跟意識等流的識身。故意識能作為因，發起等流識身。意識又具有「分別所緣」和「審慮所緣」的作用，這兩種作用將在下文詳細討論。

4. 云何分別所緣？由七種分別，謂有相分別、無相分別、任運分別、尋求分別、伺察分別、染污分別、不染污分別。有相分別者，謂於先所受義，諸根成就善名言者所起分別。無相分別者，謂隨先所引，及嬰兒等不善名言者所有分別。任運分別者，謂於現前境界，隨境勢力，任運而轉，所有分別。尋求分別者，謂於諸法觀察、尋求所起分別。伺察分別者，謂於已所尋求、已所觀察，伺察安立所起分別。染污分別者，謂於過去顧戀俱行，於未來希樂俱行，於現在執著俱行所有分別，若欲分別，若恚分別，若害分別，或隨與一煩惱、隨煩惱相應所起分別。不染污分別者，若善，若無記，謂出離分別、無恚分別、無害分別，或隨與

一信等善法相應，或威儀路工巧處及諸變化所有分別。如
是等類，名分別所緣。（大 30.280c）

　　這裏專講「分別所緣」。引文雖然未有指明分別所緣是心、意、
識三者中，哪一個的作用，但我們可以理解，這是意識的作用。分
別所緣是意識對於所緣境進行分別，這裏分為七種：有相分別、無
相分別、任運分別、尋求分別、伺察分別、染污分別、不染污分別。
意識緊隨著前五識而生起。以眼識生起為例，眼識在率爾心中生起
的境相，由意識進行分別。意識的分別在這最初階段會以有相或無
相的方式進行。有相表示帶著記憶中的名言的相狀。在這種分別中，
意識把剛從眼識得來的境相連繫到本身既有的一些概念上去。無相
則表示不帶著記憶中的名言的相狀。有相分別是本身記憶中具有概
念而且善於運用概念的人的分別方式。無相分別是嬰兒或其他不善
用概念的有情生命的分別方式。舉例來說，在幽暗的環境中，地上
放了一條繩，當一個對蛇有深刻印象的人看到，這一剎那間，他很
可能會誤認地上的是一條蛇。這是由於他帶著記憶中的蛇的相狀來
分別這境相。換著另一個人，如果他對蛇毫無認識，但認識繩子，
他就很容易分別出這是繩子。這些都是有相分別。如果是一個嬰兒
看到這同一境相，他就只知有這樣的東西，而不能把境相連繫到記
憶中的概念。這是一種無相分別。
　　任運分別是意識為境相所牽引，隨順境相而轉生，沒有自主性。
例如見到很美麗的境相，意識會很被動地追隨這境相，但不會主動
地去進一步了解。相反地，尋求分別和伺察分別是意識主動地對境
相進行思考。尋求分別是對境相進行觀察，是較初步的、粗略的思
考。伺察分別則是進一步的、細緻的思考，而且進行「安立」。「安

立」是對境相施設概念，這關係到境相的一般和獨特的性質。例如我們見到一張檯，經過初步的觀察，將這境相與我們意識中所具有的檯的概念的一般性質，即共通的性質加以比較，我們可以確定這是一張檯。但要將它的獨特性包括起來，就要為它安立名言，例如說，這是一張三角形的檯。這是一個有別於既有的概念的新概念，把一個新概念賦予對象才能稱為安立。所以安立亦需包含對象的獨特的性質。但安立之後，這「三角形的檯」的性質已成為共相，將來同樣的境相出現時，只需把這既有的概念連繫到對象，而不用再進行安立，亦即是不用再細緻地伺察，已可確定那是一張三角形的檯。

意識的所緣包括過去、現在和未來的對象，對於過去的東西顧戀，於未來的東西希樂，於現在的東西執著，總括來說都是執著所緣的對象為實有。這樣的分別作用與煩惱或隨煩惱心所相應而起，就是染污分別。當意識的分別與善心所或只與無記心所相應，就是不染污分別。例如「威儀路」、「工巧處」和「諸變化」。「威儀路」指合乎法則規範的行為；「工巧處」是建設性的、善巧的心念；「諸變化」指菩薩渡化眾生的種種法門。

以上七種分別都是意識的作用，但意識不會就同一對境進行這七種分別，因為當中有相違的情況：有相分別跟無相分別相違；任運分別跟尋求和伺察分別相違；染污分別跟不染污分別相違。意識會就著不同情況，採取某些分別方式，但相違的不能同時出現。

5. 云何審慮所緣？謂如理所引、不如理所引、非如理非不如理所引。如理所引者，謂不增益非真實有，如四顛倒，謂於無常，常倒；於苦，樂倒；於不淨，淨倒；於無我，我

倒。亦不損減真實有，如諸邪見，謂無施與等諸邪見行。
或法住智如實了知諸所知事，或善清淨出世間智如實覺知
所知諸法，如是名為如理所引。與此相違，當知不如理所
引。非如理非不如理所引者，謂依無記慧審察諸法。如是
名為審慮所緣。（大 30.280c）

　　審慮所緣是第六意識的作用。雖然「末那識」亦有審慮的作用，
但末那識只以阿賴耶識為審慮的對象，而這裏的審慮對象是諸法，
所以應是意識的作用。意識對於所緣進行審慮有三種方式。第一種
是「如理所引」，這包括：「不增益非真實有」、「不損減真實有」
和清淨的智慧。增益非真實有是將非真實的東西視為真實。例如四
顛倒，即是把無常執為常、苦執為樂、不淨執為清淨、無我執為有
我。「不增益非真實有」是遠離如四顛倒這類見解。損減真實有是
把真實有的東西說是無。例如虛無論等邪見。「不損減真實有」就
是遠離這類邪見。法住智和善清淨出世間智都是對諸法進行正確認
識的智慧，前者是世俗智，認識諸法在現象界「有」的一面；後者
是出世間的智慧，認識諸法本性「空」的一面。第二種是「不如理
所引」，這與如理所引相違，即是增益非真實有和損減真實有。第
三種是「非如理非不如理所引」，這是依「無記慧」審察諸法。無
記慧是慧心所的分位，當慧心所不與善心所，亦不與煩惱心所相應
時，就稱為無記慧。

　　這裏所說的「如理所引、不如理所引、非如理非不如理所引」
應理解為對諸法了解時所採取的態度。這態度有善、惡和非善非惡，
即無記。因為引文最後提到的「非如理非不如理所引」是依無記慧
審察諸法，而無記表示非善非惡，這即表示前面所說的「如理所引」

是善，「不如理所引」是惡。由此亦可知「審慮所緣」必有慧心所的作用在其中，而當與善心所相應而作用時就是「如理所引」；當與煩惱心所相應而作用時就是「不如理所引」；當不與善心所亦不與煩惱心所相應時就是「非如理非不如理所引」。

　　這裏顯出「審慮所緣」並不是一種純粹的、客觀的認知活動。因為在審慮當中，主體可採取不同的態度，而這些態度會影響審慮的結果，使之帶有價值的成分。例如顛倒見、邪見，或是正見等。所以，意識不單是進行客觀的認識、思考的機體，它亦將主觀的價值意識及判斷融入認識活動中。

6. 於色聚中，曾無極微生。若從自種生時，唯聚集生，或細、或中、或大。又非極微集成色聚，但由覺慧分析諸色極量邊際，分別假立，以為極微。又色聚亦有方分，極微亦有方分。然色聚有分非極微，何以故？由極微即是分，此是聚色所有，非極微。（大 30.290a）

　　這段文字表明論者對物質的存在的觀點。極微說是當時思想界相當流行的一種說法。這種說法認為物質是由極微或原子（paramāṇu）聚集而成的，而極微本身是實在的東西，所以由極微聚集而成的東西亦具有實在性。論者在這裏提出一種相反的看法。他認為極微只是一個假立的概念，而沒有對應於此概念的實質的東西。我們所接觸的物質性的東西是色聚，但這些色聚並不是由極微組成的。論者認為，極微是由「覺慧」對物質進行分析，設想物質被分析至最微小的狀態，對這種最微小的物質單位安立概念，稱為極微。「覺慧」是「慧」（mati）的分位，作用是對於對象進行判

別。當慧進行一種正確的判別時，就稱為覺慧。

　　論者再進一步論證極微不是實在的東西。他指出一切實在的東西都有「方分」。「方分」指一件東西的上、下、左、右、前、後的方位。這六方分實際上亦是施設的概念。在概念上，一切東西無論如何微小，都必有這六方分。如果極微也是一種實在的東西，就應亦有這六方分。但極微是最細小的物質單位，理論上不應可再分析為六方分。如果說極微有方分，它就不是最細小的物質單位，這與極微本身的定義相違。如果說極微沒有方分，它就不是實在的東西。所以，極微只可能是一個假立的概念。這所謂假立的概念，並不是如瓶、壺等概念，雖然這些概念亦是假名，但它們有著現象界的物質和它相對應，但極微只是意識的虛構，沒有現象界的東西和它相對應。

> 7.　根不壞，境界現前，能生作意正起。爾時從彼，識乃得生。……云何能生作意正起？由四因故，一由欲力，二由念力，三由境界力，四由數習力。云何由欲力？謂若於是處，心有愛著，心則於彼多作意生。云何由念力？謂若於彼已善取其相，已極作想，心則於彼多作意生。云何由境界力？謂若彼境界或極廣大，或極可意，正現在前，心則於彼多作意生。云何由數習力？若於彼境界，已極串習，已極諳悉，心即於彼多作意生。若異此者，應於一所緣境，唯一作意，一切時生。（大 30.291a）

　　原始佛教提到識的生起，都只簡單地說由根、境為因而生識。這裏把識生起的條件再進一步分析，以「根不壞」和「境界現前」

為條件，能生起作意（manaskāra），再以作意為因而生起識。而作意亦不是簡單地由根、境所生起。這裏指出，作意的生起由四種因素造成。第一種是欲力。這是心對於該境界的愛著。愛著越深，就越能產生作意。第二種是念力。念是記憶的作用。對於一種境界曾經極力思考，就會構成很深的記憶。這種深刻的記憶能令心對於同樣的境界很容易產生作意。第三種是境界力。這是境界對心的牽動的能力。例如該所緣境極廣大或對於心極為順適，心就很容易被牽動而產生作意。第四種是數習力。當心多次接觸某種境界，對該境界非常熟識，就會很容易對它產生作意。這數習力亦應是記憶的作用，但它與念力有點不同。念力是透過對該境界極力思考而產生的；數習力則是經過多次接觸而產生的，不須進行思考。論者指出，倘若作意不是受著上述四種因素影響，而只是由根和境所決定，則在根不變的情況下，對於同樣的境界就永遠只是產生同一的作意。但在經驗上我們可以察覺，對於同樣的境界，不一定時常產生作意。這是由於作意的產生受著上述四種因素的影響，而這四種因素是會轉變的。例如對於某種境界的愛著會一時多一時少，對某東西的憶念亦會時強時弱。

從這段文字可見，根不壞，境界現前，並不是產生識的充足條件，還要視乎心有否對該境界生起作意。這作意能令識生起而對境界進行認識。作意的生起是受著四種因素的影響，這種說法在日常經驗中很容易觀察到。例如我們的眼根和耳根都正常，而同時有著平淡的色彩和美妙的音樂在現前，由於美妙的音樂有很強的境界力，心對此亦很愛著，就很容易對音樂生起作意而生起耳識。當陶醉於音樂中時，就很可能對於眼前的色彩視而不見。

8. 非五識身有二剎那相隨俱生，亦無展轉無間更互而生。又一剎那五識身生已，從此無間，必意識生。從此無間，或時散亂，或耳識生，或五識身中隨一識生。若不散亂，必定意識中第二決定心生，由此尋求、決定二意識故，分別境界。（大 30.291b）

這裏指出，前五識不能連續地生起，即是說，眼識生起後，不能緊接地又生起眼識。五識亦不能輾轉無間更互而生，這表示眼識生起後，不能緊接地生起耳識、鼻識等。前五識中任何一識生起，必定會緊接著生起意識。這意識生起會有兩種可能情況。第一種情況是意識散亂，這樣，前五識會隨著生起。第二種情況是意識不散亂，這樣就會接著生起意識的決定心，由意識的尋求心和決定心對境界進行認識。這裏所說的散亂，應是指意識在緊接著前五識生起的階段的情況（這階段在不散亂的情況稱為尋求心）。散亂（viprakīrṇa）是一種心所，作用是令心不能專注於所緣境。上文提過，當眼識生起，會有三種心產生，依次是率爾心、尋求心、決定心。這是指意識不受散亂心所影響的情況。如果意識隨眼識生起時與散亂心所相應而起，就不能對所緣進行推求，這樣就不能產生決定心。所以，當意識隨著前五識生起而受到散亂心所的影響，就不會有決定心隨著生起，而是接著生起前五識中任何一識。若意識隨前五識生起時不散亂，這時就稱為尋求心。而接著會生起決定心。意識透過尋求心和決定心兩個階段對境界進行認知，而成就認識活動。

9. 云何安立此一心耶？謂世俗言說一心剎那，非生起剎那。

> 云何世俗言說一心剎那？謂一處為依止，於一境界事，有
> 爾所了別生，總爾所時，名一心剎那。又相似相續亦說名
> 一，與第二念極相似故。（大 30.291b）

這裏解釋為何安立「一心」這個名相。這裏的「心」指意識，是現象界的認識活動中的主體。「剎那」表示極短的時間。意識以「一處」為依止，例如眼識，意識依於眼識去了別境界，以至對之產生認識，當中所經歷的時間就是「一心剎那」，因為這整個過程就是一心的生起至到滅去。這是一種以主觀的心的作用為依據的時間觀念。嚴格來說，這種說法只有象徵意義，並不能有實際的所指。「過程」是一種借說。因為剎那（kṣaṇa）是短得不能再短的時間單位，是不能再分的。如能再分，便不是短得無以再短，便不是剎那。我們通常說「過程」，是預設分段性的，有分段性便不是剎那。故以過程來說剎那，只是象徵地說，不能執實地來了解。[3]「生起剎那」

3　如後來的世親（Vasubandhu）在他的《唯識二十論》（*Viṃśatikāvijñaptimātratā-siddhi*）中解第十六頌的長行中說：「在『我們對這一東西有知覺』的感官認識中，在這個瞬間，這東西的對象已不能被見到了。即是說，這種認識的確認，是在下一瞬間生起的意識中定下來的，而在那個瞬間中，所提到的視覺已滅去了。⋯⋯對象是在各瞬間中都會滅去的，在對於對象的意識生起時，不管是色也好，是味也好，或是其他對象，都是即時滅去的。」（Sylvain Lévi, *Vijñaptimātratāsiddhi, Viṃśatikā*, Paris, 1925, p.8. 又參考梶山雄一譯《唯識二十論》，載於長尾雅人、梶山雄一監修《大乘佛典 15：世親論集》〔東京：中央公論社，1976〕，頁 23-24）其意是，一切東西是才生即滅的，沒有瞬間能暫住，這便是剎那滅論，我們可由此來了解剎那。在第一剎那中出現的對象，並不在同一剎那中被意識所認識，

則指從事物生起至到滅去，當中所經歷的時間。這是從客觀事物變化的循環來建立的時間觀念。

筆者認為，論者在這裏顯示出一種以主體的認識為基礎的時間觀念，而這種認識是指對世俗的相對性的認識。一般的時間觀念有以時間為客觀存在者，亦有以事物的變遷作為時間的基礎，如說「生起剎那」。而論者就以主體對事物的認識作為時間的基礎。一心的生起就是對事物的一次的認識，而這一次認識的活動是在剎那間完成的。

念是在生起的狀態中的心，所以心的一次生起又稱為一念。文中說「一心剎那」，其中的「一心」就是指剎那中的一念。

此外，引文又指出「一心」的另一個意義。在認知的情況下，心不斷地生滅，前念與後念極為相似，而且相續，因此稱為一心。這「一心」不是指一念，而是前後相續的念，就因為它們相續，而且相似，所以也粗略地說是一心。當然，若精確地說，前念與後念實際上不是同一的。

10. 又意識任運散亂、緣不串習境時，無欲等生。爾時意識名率爾墮心，唯緣過去境。五識無間所生意識，或尋求，或決定，唯應說緣現在境，若此即緣彼境生。又識能了別事之總相。即此所未了別所了境相，能了別者說名作意。即此可意、不可意俱相違相，由觸了別。即此攝受、損害俱相違相，由受了別。即此言說因相，由想了別。即此邪、

___

而要在下一剎那中被認識。當我們的意識確認出對對象的認識時，那個對象已滅去了。故剎那不能有實在的過程可言。

正俱相違行因相，由思了別。是故說彼作意等，思為後邊，名心所有法，遍一切處、一切地、一切時、一切生。（大30.291b）

上文提過，五識緣外境生起時稱為率爾心。以眼識為例，眼識生起後必有意識緊隨而生起。這裏進一步說，當意識隨五識生起時，如果處於散亂的狀態，不能固定地緣取境相，就不會生起欲等別境心所。在這種情況下的意識稱為率爾墮心。引文說，這率爾墮心「唯緣過去境」。基本上，意識所緣的都是過去境，因為現前的境由前五識緣取，而隨著生起的意識所緣的已是前剎那的境。但在一般情況下，意識的尋求心和決定心緊接著前五識生起，而所緣的境相跟前五識直接緣取的現前境相無異，所以在這種情況下，可以說意識緣現在境。但率爾墮心所緣的境相並不等同於前五識所緣的現前境相，所以說它唯緣過去境。

引文接著指出意識和五種相應的心所的了別作用。意識能了別作為對象的事物的總相。總相是相對於別相來說。事物的整體相狀是總相，而事物的各方面特性，例如顏色、大小、形狀等就是它的別相。任何事物必有總相，亦必有別相。意識本身只能了別事物的總相，而它未能了別的別相就由作意進行了別。但實際上，作意只是令心警覺，從而引出其他心所，所以真正了別事物別相的是其他心所，而不是作意本身。一件對象事物有很多方面的特性，其中，這件事物對於主體是可意樂或不可意樂方面的特性，由觸了別。這事物對於主體是能夠接受或有所損害的，由受了別。這事物作為引發意識生起種種概念的原因，它的特性如何，由想了別。這件事物作為引發主體作出邪、正行為的原因，它的特性如何，由思了別。

由作意至思稱為心所有法。這五種心所有法遍於一切處、一切地、一切時、一切生。「一切處」指善、惡、無記三處，「一切地」即三界九地[4]，「一切時」指任何時候，「一切生」指一切識的生起。這即是說，這五種心所在主體成佛之前的任何情況下，都伴隨著任何識生起。

11. 作意云何？謂心迴轉。觸云何？謂三和合。受云何？謂領納。想云何？謂了像。思云何？謂心造作。欲云何？謂於可樂事，隨彼彼行，欲有所作性。勝解云何？謂於決定事，隨彼彼行，印可隨順性。念云何？謂於串習事，隨彼彼行，明了記憶性。三摩地云何？謂於所觀察事，隨彼彼行，審慮所依，心一境性。慧云何？謂即於所觀察事，隨彼彼行，簡擇諸法性，或由如理所引，或由不如理所引，或由非如理非不如理所引。又作意何業？謂引心為業。觸作何業？謂受、想、思所依為業。受作何業？謂愛生所依為業。想作何業？謂於所緣，令心發起種種言說為業。思作何業？謂發起尋、伺、身、語業等為業。欲作何業？謂發勤為業。勝解作何業？謂於所緣，任持功德、過失為業。念作何業？

4　三界（tri-dhātu）指欲界、色界和無色界。另菩薩修行所經歷的十個階位稱為十地，這分別是：歡喜地、離垢地、發光地、焰慧地、難勝地、現前地、遠行地、不動地、善慧地和法雲地。九地指前九個階位。遍行心所在這些境界都會生起，直至菩薩到了第十地，即成佛的階位，才不生起。這裏說「一切地」，雖未包括三界在內，但這裏說遍行心所，它們應都在一切地前的三界階段中出現，故「一切地」仍可概括三界。

謂於久遠所思、所作、所說，憶念為業。三摩地作何業？
謂智所依為業。慧作何業？謂於戲論所行染污、清淨，隨
順推求為業。（大 30.291b-c）

　　這段文字逐一介紹五種遍行心所和五種別境心所的本質和作
用。作意心所（manaskāra-caitasa）的本質是「心迴轉」，即是認識
主體將注意力集中到對象身上。它的作用是令心警覺到對象的出
現，從而引發各種心理活動。觸心所（spraṣṭavya-caitasa）的本質是
「三和合」，即根、境、識的和合。它的作用是作為受、想、思等
心所的所依。這「所依」表示受、想、思三種心所都要透過觸心所
而取得它們的作用對象。即是說，若沒有觸的作用，受、想、思均
沒有作用對象，它們本身亦不會生起。受心所（vedanā-caitasa）的
本質是「領納」，即一種接受性。它的作用是作為「愛生所依」，
意思是對於對象的愛、不愛及非愛非不愛等感受是依靠受心所的作
用而產生的。想心所（saṃjñā-caitasa）的本質是「了像」，即是攝
取對象的相狀、特徵。它的作用是令心對於對象生起相應的概念。
這雖然是一種取象的作用，但它不是從對象身上攝取形象，而是在
觸心所的作用影響下自行生起相應的形象。後面的引文說：「謂於
所緣，令心發起種種言說為業。」「種種言說」顯然不是指語業，
因為發起語業是思心所的作用，這點稍後將提到。所以，「種種言
說」應理解為種種名言，即概念。而令心發起的種種概念是與所緣
境相對應的。這顯示了一種對認知的看法，就是我們對於對象的認
識，不是直接攝取對象自身的形象，而是認知主體基於對象的影響
而生起的相應的概念。然而，要注意一點，這裏所說的心所的作用，
是在意識階段的作用。至於前五識對於對象的認識應不是這樣，因

為前五識未有關連到概念。而且，前五識對於對象的認識並不是我
們意識到的知識，我們意識到的知識都是經過了意識和有關心所的
處理而成的。思心所（cetanā-caitasa）的本質是「心造作」，即是
思考活動。它的作用是發起尋、伺和身、語業。尋心所（vitarka-caitasa）
和伺心所（vicāra-caitasa）都是內在的行為，尋是一種較為粗疏的思
考、推求，伺是較為細密的思索，特別在需要對於對象安立概念時，
就必須透過伺的作用。身業和語業都是外顯的行為，身業是身體的
動作，語業是發出的言語。這幾種內在和外顯的行為都是由思心所
發動。上文提過，意識在決定心後就會出現善、惡、無記的性格，
這些性格其實都是透過思心所的作用而產生的。思心所對對象經過
思考後，會決定作出怎樣的反應，這些反應包括內在的善、惡、無
記的心念以及外顯的善、惡、無記的言語和動作。而意識在決定心
階段生起了這些不同的性格，會令到隨之而起的前五識有著同樣的
性格，這隨之而起的識就是等流識。以上介紹的作意、觸、受、想、
思，合稱五遍行心所（sarvatraga-caitasa）。

　　欲心所（chanda-caitasa）的本質是對於對象的希求，由於有這
種希求，所以會發動勤心所而令主體對對象進行追求。由於對象不
一定令主體產生希求，所以欲不是遍行心所。勝解心所
（adhimokṣa-caitasa）的本質是一種「印可隨順性」，即一種令事情
穩定地、順暢地進行的力量。它的作用是「於所緣，任持功德、過
失」。它的「所緣」是思心所決定的事情。這些事情無論是善、惡
或無記，是功德或過失，勝解都能令這些事情穩定地發展。但勝解
不一定會生起，這種情況就是思心所的決定力不夠強，即事情會在
善、惡、無記的性格之間變動，沒有穩定性。所以勝解不是一種遍
行心所。念心所（smṛti-caitasa）是一種記憶的能力，它的作用是對

於過去的所思、所作、所說加以憶念。但文中指出，念只會對於「串習事」明了記憶。「串習事」指一些穩定地發生的事。當對象是不串習的，例如在率爾墮心的情況下，念就不生起。所以，念亦不是遍行心所。三摩地心所（samādhi-caitasa）即定心所，它是一種「心一境性」，即是令心保持著認識某一對象的能力。它的作用是作為「智所依」。「智」（jñāna）是一種無分別的觀照能力，它在一般的認知情況底下不會生起，只有在定當中，以定為依才能生起。定只能在不受各種煩惱心所影響的情況下才能生起，所以亦不是遍行心所。慧心所（mati-caitasa）是對於對象的一種簡擇能力。簡擇表示選擇從某一種角度或採取某一種態度去理解對象，這有三種情況：第一種是從「如理」的角度，即合乎正理的角度去理解事情，這樣就能正確地辨別是非。這是一種善的態度。這時的慧心所稱為善慧。第二種是從「不如理」的角度，即故意違反正理去理解事情，這樣就會顛倒是非。這是一種惡的態度。這時的慧心所稱為惡慧。第三種是「非如理非不如理」的角度。當事情無所謂是非、善惡、對錯時，慧心所以無記慧的姿態生起，即不與善心所，亦不與惡心所相應，這就是從非如理非不如理的角度去理解事情。這是一種非善非惡的態度。文中提到，慧心所的作用對象是「戲論所行染污、清淨」，即是說，事情不論是善、惡或無記的，都必須是在相對的認知情況底下被認識，慧才會起作用。如果在智的直觀當中，例如在定中觀照，慧就不起作用。所以慧亦不是遍行心所。以上五種心所都只在個別的情況下生起，所以稱為別境心所（prativiṣaya-caitasa）。

12. 現量者，謂有三種：一、非不現見；二、非已思應思；三、

非錯亂境界。非不現見現量者，復有四種，謂諸根不壞，作意現前，相似生故、超越生故、無障礙故、非極遠故。相似生者，謂欲界諸根，於欲界境，上地諸根，於上地境，已生已等生，若生若起，是名相似生。超越生者，謂上地諸根，於下地境，已生等如前說，是名超越生。無障礙者，復有四種：一、非覆障所礙；二、非隱障所礙；三、非映障所礙；四、非惑障所礙。覆障所礙者，謂黑闇、無明闇、不澄清色闇所覆障。隱障所礙者，謂或藥草力，或咒術力，或神通力之所隱障。映障所礙者，謂少小物為廣多物之所映奪，故不可得。如飲食中藥，或復毛端，如是等類，無量無邊。且如小光大光所映，故不可得，所謂日光映星月等，又如月光映奪眾星。又如能治映奪所治，令不可得，謂不淨作意，映奪淨相；無常、苦、無我作意，映奪常、樂、我相；無相作意，映奪一切眾相。惑障所礙者，謂幻化所作，或色相殊勝，或復相似，或內所作，目眩惛夢，悶醉放逸，或復顛狂，如是等類，名為惑障。若不為此四障所礙，名無障礙。非極遠者，謂非三種極遠所遠：一、處極遠；二、時極遠；三、損減極遠。如是一切，總名非不現見。非不現見故，名為現量。（大 30.357a-b）

「現」表示現前，即是當下、直接的意思。「量」是對事物的認識，日本學者喜歡稱之為「知識手段」。從字面上解，「現量」（pratyakṣa）表示對事物的當下的、直接的認識。[5]論者把現量分為

5　對於現量的梵文表示式 pratyakṣa，可作這樣的分析。它可分開為 prati

三大類：一、非不現見；二、非已思應思；三、非錯亂境界。這段
文字先介紹非不現見現量。構成這種現量的基本條件是「諸根不壞，
作意現前」。這種現量是透過五根或五種感官的作用而形成的，所
以必須以五根沒有損壞為條件。「作意」的作用是令心警覺，即是
令認知主體察覺到對象的存在。倘若主體根本沒有察覺某東西存
在，就不可能對之產生認識，所以作意也是基本條件之一。引文指
出，在這兩項條件之下構成的非不現見現量有四種：一、相似生；
二、超越生；三、無障礙；四、非極遠。相似生指根和境在同一界
或地生起的現量，例如欲界諸根對於欲界境生起的現量。超越生指
超越於根本身所屬的界或地而對較低層次的界或地的境所起的現
量。例如上地諸根對下地的境產生的認識。但是，下地諸根就不能
超越界、地去認識上地的境，這是因為下地的根力不足以認識上地
境。這種非不現見現量意思有點含糊，如何才算是上地諸根對下地
的境的認識呢？這與相似生非不現見現量有甚麼本質上的區分呢？
是否可以不在時空中進行呢？都不清楚。無障礙可分為四種：一、
非覆障所礙；二、非隱障所礙；三、非映障所礙；四、非惑障所礙。
覆障所礙指被黑闇、無明闇、不澄清色闇所覆障。「黑闇」和「無
明闇」都是光線不足的情況。就我們現代的理解來說，無光線的情

和 akṣa（兩部分相合，其中的 i 因連聲關係需轉成它的相應半母音，
即 y）。akṣa 是主要詞，指感官、感性。prati 是附加詞，像英語的 prefix，
或德語的 Vorsilbe，指相對於、相關於、在其前、相近於、在於等多
個意思。這兩個部分合起來，成為一個複合詞，指「相對於感官」、
「相關於感官」、「在感官的範圍下」等等意思。其詳參看吳汝鈞著
《佛教的概念與方法》（臺北：臺灣商務印書館，1988），頁 279-285，
〈pratyakṣa 與知覺〉一文。

況就是黑闇。但論主似乎把黑闇視為另一種東西,而與無明闇分開來說。「不澄清色闇」指污濁的水或瀰漫的煙霧等,這些東西能障礙我們認識事物。隱障所礙指被一些隱藏著的力量阻礙著,例如藥草、咒術、神通等力量。這些力量富有吸引力,引起注意,使我們暫時忘卻或失去正常的認識力。映障所礙指細小或少量的東西摻雜在龐大或大量的東西之中而不被認識。例如在食物中放了少許藥物,或是毛的尖端。這些東西都很難被覺察。又或是小光為大光所障礙,例如星、月的光被日光遮蓋,眾星的光被月光遮蓋等情況。此外,又有能治映奪所治的情況,使所治不能被認識。例如不淨作意映奪清淨相狀,無常、苦、無我作意映奪常、樂、我相,無相作意映奪一切眾相等。惑障所礙指事物在虛幻當中,或被耀眼的對象相所迷,內心不能保持平衡,頭眩眼花,悶醉如在夢中,放蕩顛狂。這樣,主體在惑亂的情況下,不能產生認識。沒有以上四種障礙就是無障礙。「非極遠」指根與境之間沒有太遠的距離阻礙著認識。引文列出三種距離,分別是:空間上的距離、時間上的距離和致令對象事物損減的距離。這致令對象事物損減的距離很難理解,因為事物間的距離除了空間和時間之外,應只有境界上的距離,即是指下地的根與上地的境的分隔,但照字面上看卻不能確定「損減」是指這種距離。此外,時間亦不應由於相隔極遠而被視為阻礙,因為現量的性格是當下的,根和境基本上沒有時間上的距離。所以即使是極短的時間距離也可使認識不能成為現量。

以上列舉的四種非不現見現量,其中的無障礙和非極遠,若按照引文所說,應是構成現量的條件,而不是現量的種類。所以應只有相似生和超越生兩種非不現見現量。文中運用列舉實例的方式去說明各種類的內容和範圍,這種方式當然不是很周延,不能遍及所

有範圍，但對解釋仍很有幫助。

13. 非已思應思現量者，復有二種：一、纏取便成取所依境；
二、建立境界取所依境。纏取便成取所依境者，謂若境能
作纏取便成取所依止，猶如良醫授病者藥，色、香、味、
觸皆悉圓滿，有大勢力，成熟威德，當知此藥色、香、味、
觸纏取便成取所依止。藥之所有大勢威德，病若未愈，名
為應思；其病若愈，名為已思。如是等類，名纏取便成取
所依境。建立境界取所依境者，謂若境能為建立境界取所
依止，如瑜伽師於地思惟水、火、風界。若住於地，思惟
其水，即住地想，轉作水想。若住於地，思惟火、風，即
住地想，轉作火、風想。此中地想，即是建立境界之取。
地者即是建立境界取之所依。如住於地。住水、火、風，
如其所應，當知亦爾。是名建立境界取所依境。此中建立
境界取所依境，非已思惟，非應思惟。地等諸界，解若未
成，名應思惟；解若成就，名已思惟。如是名為非已思應
思現量。（大 30.357b-c）

第二類現量是非已思應思現量。這又可分為兩種：一、纏取便
成取所依境；二、建立境界取所依境。「纏取便成取所依境」的字
面意思表示某種知覺（perception, Wahrnehmung），這知覺來自某
個對象事物，當主體認識這事物時，得到了對這事物的知覺，這知
覺立刻就成為主體認識這事物的所依。即是說，主體在這時候對於

對象事物的認識就是依著這個來自該事物的知覺。[6]再看引文的例子就會更清楚。譬如一個良醫授藥給病人，那些藥給該病人有色、香、味、觸的知覺，亦有著醫治的功效。病人從藥物中取得的色、香、味、觸的知覺，便是「纏取便成取所依境」。至於該藥物的醫治功效則要透過思考才能認識。在疾病未痊癒時，醫治的功效是「應思」，疾病痊癒後則為「已思」。已思和應思都不是現量。從這個例子可見，「纏取便成取所依境」是指與對象事物接觸時，即時取得的知覺，這些知覺一經取得，立刻就成為我們對於對象事物的認識的所依。在例子中，色、香、味、觸是病人服藥時立即、直接取得的知覺。這些知覺立刻就構成了該病人對於那藥物的認識，這些認識包括藥物的顏色、香氣、味道和冷熱等，這些就是該病人對於那藥物的纏取便成取所依境。至於藥物的功效，則不是直接從接觸中認識到的，而是要從病人的病情來推斷，即是要透過思考才能認識到，所以稱為應思或已思。

　　「建立境界取所依境」指某種知覺，這知覺是「建立境界取」的所依。試看引文所舉的例子，瑜伽師以地界為對象，從對地界的思惟而建立水、火、風等界。「住地想」表示集中於、保持於對地

6　嚴格來說，知覺是一種認識機能，偏向於主觀或主體方面。這裏用「知覺」的字眼，作為主體認識事物的所依，本來不很恰當。較恰當的字眼，應是形相（form），或印象（impression）。這兩者都比較有客觀的意義，而與這裏的「纏取便成取所依境」的「境」較能相應。但論主現在是討論著現量的問題，所謂「已思應思現量」，用「境」這一字眼本來便不恰當。現量是能知，境則是所知。這裏我們是貼緊討論的主題，亦即現量，來以知覺說纏取便成取所依境，這並不表示我們混同了知覺與境的主客分際。關於這點，希望讀者垂察。

界進行思惟。[7]「轉作水想」、「轉作火、風想」表示從對地界的思惟中構想出水、火、風等境界。構想出水、火、風等境界的思惟就是「建立境界取之所依」。主體以「地」為對象而生起的知覺就是「建立境界取所依境」。同樣道理，倘若以水、火或風為對象而建立其他的境界，則對於水、火或風的知覺就成為「建立境界取所依境」。瑜伽師以某種境界為依而建立各種境界，目的是要對該等境界深入了解。若對各種境界的「了解」未達到，這些「了解」仍是「應思惟」；若已經達到了，這些「了解」則稱為「已思惟」。「建立境界取所依境」既非「已思惟」，亦非「應思惟」，即是並非指要達到的對各種境界的「了解」。它只是指對於對象境界的知覺，並不是指要透過思惟才能達到的「了解」。

以上所述的兩種「非已思應思現量」都是指對於對象事物的直接的、即時的認識。而要經過思惟才能達到的認識則不屬現量。

14. 非錯亂境界現量者，謂或五種，或七種。五種者，謂非五種錯亂境界。何等為五？一、想錯亂；二、數錯亂；三、形錯亂；四、顯錯亂；五、業錯亂。七種者，謂非七種錯亂境界。何等為七？謂即前五，及餘二種遍行錯亂，合為七種。何等為二？一、心錯亂；二、見錯亂。想錯亂者，謂於非彼相起彼相想，如於陽焰、鹿渴相中起於水想。數錯亂者，謂於少數起多數增上慢，如瞖眩者於一月處見多

7　這裏說「想」、「思惟」，並不是就嚴格的意義言，而只是泛說。因在這裏的論題是現量，是知覺，並無想或思惟的意味。後者是在關連到比量時才說的，比量是不同於現量的另外一種認識機能。

> 月像。形錯亂者，謂於餘形色，起餘形色增上慢，如於旋
> 火，見彼輪形。顯錯亂者，謂於餘顯色，起餘顯色增上慢，
> 如迦末羅病損壞眼根，於非黃色悉見黃相。業錯亂者，謂
> 於無業事起有業增上慢，如結拳馳走，見樹奔流。心錯亂
> 者，謂即於五種所錯亂義，心生喜樂。見錯亂者，謂即於
> 五種所錯亂義，忍受顯說，生吉祥想，堅執不捨。若非如
> 是錯亂境界，名為現量。（大 30.357c）

「非錯亂境界現量」指對事物的非錯亂的認識。這些錯亂境界
可分為五種或七種。五種錯亂境界是：一、想錯亂；二、數錯亂；
三、形錯亂；四、顯錯亂；五、業錯亂。七種錯亂境界指以上五種
再加上心錯亂和見錯亂，這兩種又稱為遍行錯亂。「想錯亂」指對
於某種對象生起與該對象不相應的認識。例如面對陽焰、鹿渴的景
象而生起水的認識。所謂陽焰（marīci），是指海市蜃樓一類虛構
的東西，由構想而來。這陽焰即是鹿渴（mrga-trsnā）。數錯亂指認
識對象時，把對象的數目認多了。例如一個有眼病的人，面對著一
個月亮，卻見到有多個月亮。形錯亂指對於事物的形色錯誤地認識。
「形色」即是形狀，由於眼見到的形狀都是由不同顏色所構成，所
以稱為形色。例如將火把旋轉，會見到環形如輪狀的火。但實際上，
那些火並不是環形的。顯錯亂即是錯誤地認識對象的顏色。例如患
伽末羅病的人。迦末羅（kāmalā）即黃疸病。患這種病的人面對其
他顏色都會看成黃色。業錯亂指對於沒有運動的東西感覺到它們有
運動。例如一個人屈結著拳頭，用力向前奔跑，身旁的樹木本來是
沒有移動的，但在他看來就好像樹木向著自己身後移動那樣。心錯
亂和見錯亂並不是另外兩種錯亂的情況，而是在上述任何一種錯亂

生起時，所作出的錯誤反應，所以稱為「遍行錯亂」。心錯亂指在上述的錯亂情況中，心生喜樂。例如口渴時見到陽焰的現象，但生起想錯亂，以為見到的是水，內心因此亦產生欣喜。這頗有望梅止渴的意味。這樣的欣喜原是不應有的，只是基於錯亂而產生，所以亦算是錯亂。見錯亂指對於上述的錯亂能忍可，以致堅持不放手，以為最終會帶來吉祥。若不屬上述的錯亂境界，就稱為非錯亂現量。

綜合以上三段文字所述，應可將現量理解為對於事物的直接的、當下的和正確的認識。所謂「三種現量」，照內容看應是作為現量的三項條件。因為非不現見、非已思應思和非錯亂這三項條件必須同時滿足，才能稱為現量。縱使只缺乏其中一項條件，也不得稱為現量。此外，「非錯亂」的意義亦是難以確定。照引文的例子看，論者只是以一般經驗作為基礎去判定什麼是錯亂。但一般經驗顯然不是一個堅實的基礎，例如一般所謂正常人，他們看到的世界是色彩繽紛的，但色盲的人就只見到單調的顏色。如果按照論者的觀點，色盲的人看到的便是一種錯亂境界。但倘若世界上的人絕大多數都變成色盲，只有少數是所謂正常人，那麼，色彩繽紛的世界，還是單調的世界會被稱為錯亂呢？又例如，大家都可見到的「一彎新月」是否屬於錯亂境界呢？現代人看電影，基本上是虛構的情況就相等於旋火，那又是否錯亂呢？顯然，論主對於「錯亂」的理解仍停留在一個較為質樸（naive）的層面。再進一步說，徹爾巴特斯基（Th. Stcherbatsky）提出了一點，若按照康德（I. Kant）的「超越辯證」（Transcendental Dialectic），錯亂（illusion）可分為兩種：一種是經驗的錯亂（empirical illusion），這即是引文所述的那種一般人理解的錯亂；另一種是超越的錯亂（transcendental illusion），這是指我們一般所謂的「正確認識」。康德認為，我們一般的認識

都是在某種主觀的機能中建構成的，而不是對事物自身（thing-in-itself）的認識。如果與對物自身的真正認識比較，我們一般的認識仍是在一種錯亂建構（illusive construction）中形成的，所以亦是一種錯亂。[8]但論主對錯亂的理解只限於康德所說的經驗的錯亂，而把超越的錯亂和對物自身的認識[9]都同樣視為正確的認識。

「量」（pramāṇa）表示正確的知識。論主在前文列出了三種量，包括：現量、比量（anūmana）和聖言量（āptāgama, pravacana）。論主對「現量」的解釋顯然特別強調「現」的意思，目的是與非現前的認識，即比量和聖言量區別開來。

15.　問：如是現量，誰所有耶？答：略說四種所有：一、色根現量；二、意受現量；三、世間現量；四、清淨現量。色根現量者，謂五色根所行境界，如先所說現量體相。意受現量者，謂諸意根所行境界，如先所說現量體相。世間現量者，謂即二種總說，為一世間現量。清淨現量者，謂諸所有世間現量，亦得名為清淨現量。或有清淨現量非世間現量，謂出世智於所行境，有知為有，無知為無，有上知有上，無上知無上。如是等類，名不共世間清淨現量。（大30.357c）

8　Th. Stcherbatsky, *Buddhist Logic* Vol. II, New York: Dover Publication Inc. 1962, pp.18-19, n. 1.

9　論主在後文列出了四種現量，其中包括「清淨現量」，這可比對於康德所說的睿智的直覺（intellectual intuition），即對物自身的認識。

按照引文所述，現量共分為四種：一、色根現量；二、意受現量；三、世間現量；四、清淨現量。「色根現量」指透過五根取得的認識，這即是前五識所起的認識。但引文強調「如先所說現量體相」，這表示前五識所起的認識並非全屬現量，必須符合前文所述的現量條件才能稱為現量。前文所述的三項條件，即非不現見、非已思應思、非錯亂境界，當中的前兩項是前五識作用必定符合的，只有「非錯亂境界」一項可能不符合。這即是說，前五識的認識若不屬錯亂境界就必為現量。而錯亂境界不是正確的認識，所以不能稱為「量」（關於這點，筆者已在上文提出了質疑，現在暫且順著論文的觀點來解釋）。所以，前五識所能生起的「量」只有現量，其餘兩種量，即比量和聖言量則不屬前五識所有。「意受現量」指透過意根取得的認識，即是意識所起的認識，但必須符合上述三項現量條件。由於意識能認識過去、現在和未來境，亦具有思考的作用，當然亦有可能出現錯亂，所以，意識的認識有可能完全缺乏三項現量條件。當意識的認識為錯亂時，這認識根本不能稱為「量」。至於「非不現見」和「非已思應思」兩項條件，當意識的認識缺乏其中一項時，就不能稱為現量。而不屬於現量的量就只會是比量或聖言量。色根現量和意受現量總稱為世間現量。所有世間現量亦可稱為清淨現量。而清淨現量亦包括一些非世間現量。非世間現量是出世智（lokottara-jñāna）對於它所行境界的認識。相對地，世間現量就是世俗智對於世間事物的認識。非世間現量名為「不共世間清淨現量」。[10]以上所述的現量分類，可以下圖來表示：

---

[10] 世間現量與非世間現量同樣地稱為現量，只是由於兩者同是屬於現前的、沒有經過思考的認識。實際上，兩種認識仍有著本質上的差異。

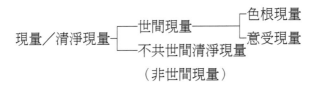

按照上文所述，所有現量均為清淨現量。而清淨現量可分為「世間現量」和「不共世間現量」兩種。其中的世間現量又可再分為「色根現量」和「意受現量」。引文解釋色根現量和意受現量時，都強調必須符合「先所說現量體相」，意思是「色根」和「意受」這兩種世間認識必須符合前文所說的「現量體相」，才能稱為現量，否則就不屬現量。但在解釋「不共世間清淨現量」時卻沒有指明要符合「現量體相」。這顯示出，出世智的認識全是現量，故此無須再指明條件。此外，按引文所述，所有現量都是清淨的。這即是說，染污的認識全屬於比量、聖言量和錯亂境界。筆者在上文已對所謂「錯亂境界」提出質疑，故此暫且不論。聖言量和比量，跟現量的分別可概括為思考的作用。聖言量和比量都是經過了思考的作用而構成的，現量則沒有牽涉思考的作用。思考是思心所的作用。前文已提過，前五識初生起認識時，沒有善、惡的區分。這認識在意識的尋求心階段仍是未有或善或惡的性質。要到了意識的決定心生起後，才有善、惡或無記的性格。這幾個階段的認識，若配合上述的現量分類，可以這樣說：這種認識是在主、客相對的格局下構成，所以都屬於世間的認識。前五識初生起的認識是色根現量，這種認

世間現量是在主體與對象相對的情況下構成的，有時間與空間的限制。但非世間現量的形成卻不在這種相對格局之中，亦超越時間與空間。

識沒有善、惡之分，所以是清淨的。意識與前五識俱起，前五識的認識初過渡至意識時，是意受現量。這時，意識仍在尋求心階段，仍未有善、惡的性質，所以這認識亦屬清淨的。在理論上，意受現量不是直接對現前事物的認識，而是經過了前五識的階段。但前文亦已提過，由於意識在這時候所認識的，與五識的認識完全一樣，所以這種認識亦稱為「現在境」。所以，意識在這時候的認識仍稱為現量。到意識的決定心生起後，亦即思心所的作用生起後，這時的認識就不是現量，因為已涉及思考的作用。而且，經過了思心所的作用，有關認識已具有善、惡或無記的性質，故此不一定是清淨的。經過了這樣的比配，可以見到本論的觀點是前後相呼應的。

若從康德的知識論觀點看，「不共世間清淨現量」應是一種「睿智的直覺」（intellectual intuition），因為這種認識是對事物的真實狀態的認識。引文說：「或有清淨現量非世間現量，謂出世智於所行境，有知為有，無知為無，有上知有上，無上知無上。」唯識學一般把世間相對性的認識的主體稱為「識」（vijñāna），而出世間的、超越的認識主體則稱為「智」（jñāna）。「出世智」就是一種超越的認識的主體的心能，這主體對於對象進行認識，當對象為「有」，就認識為「有」；對象為「無」，就認識為「無」。這樣如實認識，不增不減。「有」與「無」只象徵對象自身的狀況。所以，這種認識是對於對象自身的真實的認識。而這種真實的認識只有在超越主、客相對的狀態中才能成就。故此，這種真實的認識表示，認識主體與認識對象為同一。康德認為，一般的知識都是在主觀的機能中建構成的，只能認識現象，未能觸及事物本身。當認識主體與認識對象為同一時，表示這種認識並不是在主觀的建構底下，而是切中事物本身。更徹底地說，這是在無主客對立、無所謂

認識主體與認識對象對立的情況下的認識，即是對物自身（thing-in-itself）的認識。但康德認為只有上帝才能夠達到這種認識，而佛教則認為這種出世間的認識是我們可以透過修行而達到的。至於世間現量，包括色根現量和意受現量，都是在主觀的綜和作用下的認識，所以都只是對現象的認識。

　　睿智的直覺的另一重要之點是，對象的內容是不能自有的，卻是由睿智的直覺所給予。所以睿智的直覺具有創造的性格、實現的性格，它創造和實現對象也。康德說：「它（睿智的直覺）自身即能把它的對象的存在給予我們。」[11]又說：「如果那所有在主體中作為雜多的東西是由自我自身的活動所給予，則內部的直覺當是睿智的直覺。」[12]這裏的「雜多」（manifold）指對象的內容、存在性而言。[13]

　　對於屬睿智的直覺層次的所謂「不共世間清淨現量」，印度佛教其他多個學派或思想都有意識到。般若系所提出的般若智（prajñā-jñāna），是一個明顯的例子。大乘文獻所說的現覺（abhisaṃbuddha）、現觀（abhisamaya），都應是這種直覺。唯識

11　I. Kant, *Critique of Pure Reason*. Tr. Norman Kemp Smith, London: Macmillan Co. Ltd., 1964, B72, p.90.

12　Ibid., B68, p.88.

13　按牟宗三先生的說法，東方哲學中，儒、道、佛三家都發展出這種「睿智的直覺」的認識層次。他的很多著作都表示這點。京都學派的西田幾多郎也談到這種直覺，見他的《善の研究》（東京：岩波書店，1997），頁 51-57。西田稱這種直覺為「知的直覺」，視之為他提出的純粹經驗進一步在廣度和深度方面拓展而成的認識方式。它有辯證的性格，目標是尋求事物的統一和諧的真實狀態。在這種直覺中，沒有主客的分別，主體可以直接證入事物的本質，取得它的整全的面貌。

學派所提出的「轉識成智」的智,便也是以睿智的直覺來對事物進行證會的。這學派後期的法稱(Dharmakīrti)提到瑜伽現量,或瑜伽者的直觀,也應是這種層次的直覺。

另外,上面《瑜伽師地論》引文提到「意受現量」,這是一個很富爭議性的問題,牽涉到這種現量能否成立一點。就唯識學派的知識論發展到成熟期的陳那(Dignāga)來說,他把正確的認識機能分成兩種:現量(pratyakṣa)與比量(anumāna)。那主要是就認識對象的不同而提出的區分。陳那認為,我們的認識對象有兩種:自相(sva-lakṣaṇa)與共相(sāmānya-lakṣaṇa)。前者由現量來把握,後者則由比量來把握。現量是一種對境界方面的現前的、直接的認識,不能有概念的分別在內,後者是比量的作用。陳那的《集量論》(*Pramāṇasamuccaya*)說:

pratyakṣam kalpanāpoḍham.[14]

這正是陳那的《正理門論》(*Nyāyamukha*)中所說的「現量除分別」的意思。[15]現量與比量這兩種認識機能正相當於康德知識論的感性(sensibility)與知性(understanding)。感性透過它的感性直覺(sensible intuition)接受感覺與料(sense data),這些與料由構想力(imagination)運送到知性,由知性提供範疇(categories)加以

---

[14] *Pramāṇavārttikavṛtti of Manorathanandin*, ed. R. Sāṃkṛtyāyana, The Journal of the Bihar and Orissa Research Society, vols. xxiv(3)-xxvi(3), Patna, 1938-1940, p.174.

[15] 玄奘譯本,大 32.3b。

整理，而成就知識。

　　陳那特別強調現量是直接知覺或直覺，只有一種。它遠離一切概念分別。關於這點，陳那是守得很緊的。但《瑜伽師地論》在這裏提出四種現量，包括富爭議性的意受現量。這種提法，頗令人有混亂的感覺。大抵《瑜伽師地論》是唯識學的早期文獻，在知識論方面說得雖然詳盡，但還未發展得很成熟，對現量的看法，還不是很清晰和確定。本來現量或現前的直覺是限於五感官或五根的，比量或概念分別是意識的能力。《瑜伽師地論》卻在這裏提出意受現量，好像要建立一種具有意識分別作用的現量。這站在陳那知識論的立場來說，是不大通的。在陳那來說，意識分別與現量是不能混在一起的。這混合了比量和現量的區別。[16]

　　奇怪的是，陳那之後的法稱（Dharmakīrti），在論到現量時，又提出幾種現量，其中一種是「心的感性」，這似乎又類似《瑜伽師地論》的意受現量，把心或意識的作用與現量拉在一起。法稱以為，這心的感性是心或意識對現前的對象的感受作用，是心或意識的初階段的作用。日本學者戶崎宏正以為，這心的感性，正是卓爾

16　值得注意的是，在陳那當時或稍前時間，勝論（Vaiśeṣika）與正理（Nyāya）學派有人以為每一存在物基本上都有其自性（vyakti）與共性（jāti）。人了解存在物，最初是一片模糊印象，沒有自性與共性的分別，這時的認識，是沒有限定的現量（nirvikalpaka pratyakṣa）。後來認識深化，人意識到自性與共性，而且把它們統合起來，而成為有限定的現量（savikalpaka pratyakṣa）的認識。陳那不同意這種說法，他認為存在物不能同時具有自性相與共性相，兩者是不相容的。因此他反對有限定的現量的說法，認為這其實是一種比量的作用。《瑜伽師地論》在這裏提出的意受現量，與勝論、正理學派的有限定的現量有些相似。但兩方面有無思想史的關聯，則不得而知了。

巴特斯基在其《佛教邏輯》（*Buddhist Logic*）一書中所說的 mental sensation。關於這個問題，非常複雜，我們留待以後有機會時再行詳細探討。[17]

關於意識或心與現量結合在一起的思想，在西方哲學中也有類似的說法。例如現象學創始人胡塞爾（E. Husserl）便有「知覺意識」一詞，表示意識與知覺或現量是混在一起作用的。他說：

> 知覺本身是在連續意識流中的東西，其本身即為一連續流：知覺的現在不斷變為與剛剛過去者接聯的意識，同時，一個新的現在閃現出來。……被看物的顏色本質上是顏色意識的真實因素。[18]

這裏把知覺（Wahrnehmung）說為是在意識（Bewusstsein）的流向中，把知覺放在意識中說，視之為意識的一個部分，很值得注意。另外，胡塞爾也提出反思的知覺問題。反思是意識的事，它如何進行知覺呢？這也是值得深入探討的。

---

[17]　關於法稱的這種心的感性的說法，參看戶崎宏正著〈後期大乘佛教の認識論〉，載於長尾雅人、中村元監修，三枝充惠編集：《講座佛教思想第二卷：認識論、論理學》（東京：理想社，1974），頁 171-175。此文有吳汝鈞譯〈法稱的認識論〉，吳汝鈞著《佛教的概念與方法》（臺北：臺灣商務印書館，2000），頁 242-278。

[18]　胡塞爾：《純粹現象學通論》（*Ideen zu einer reinen Phänomenologie und phänomenologischen Philosophie*），李幼蒸譯（臺北：桂冠圖書公司，1994），頁 133-144。

16. 云何建立阿賴耶識與轉識等俱轉轉相？謂阿賴耶識或於一時唯與一種轉識俱轉，所謂末那。何以故？由此末那，我見、慢等，恆共相應，思量行相，若有心位，若無心位，常與阿賴耶識一時俱轉，緣阿賴耶識以為境界，執我起慢，思量行相。或於一時與二俱轉，謂末那及意識。或於一時與三俱轉，謂五識身隨一轉時。或於一時與四俱轉，謂五識身隨二轉時。或時乃至與七俱轉，謂五識身和合轉時。（大 30.580b-c）

　　阿賴耶識本身恆時生起。它能獨自生起，或能與七轉識一齊生起或俱轉。這裏指出，當阿賴耶識唯獨與一種轉識俱轉時，那轉識必定是末那識。因為末那識與我見、我慢等煩惱心所恆時相應，以思量為其行相，在「有心位」或「無心位」，都常與阿賴耶識俱轉。「有心位」指意識生起的狀態，「無心位」則是意識不生起的情況。由於前五識生起時，必有意識生起，而意識生起時，又必有末那識生起，所以阿賴耶識不可能單獨與前五識其中之一或意識俱轉，只可能單獨與末那識俱轉。同樣道理，由於前五識生起時，必有意識生起，所以當阿賴耶識與兩種轉識俱轉時，那兩種轉識，其一必定是末那識，另一就必定是意識，而不會是前五識。此外，前五識中，或一種、或多種，可以與意識、末那識和阿賴耶識俱轉。這即是說，當五識身和合轉時，阿賴耶識就同時與其餘七識俱轉。

　　這裏出現一個問題，就是「和合轉」究竟是什麼意思。如果「和合轉」只表示五識在同一時間轉生，而自體和功能都各別，則意識就是同時了別五種境，這會出現一些問題：首先，五識的境的性質各別，意識在尋求心和決定心階段，能否同時處理五種境呢？如果

能夠，意識這時的狀態是怎樣的呢？它是同時對五種境個別地進行了別，還是把五種境集合成為一個「印象」來處理呢？其次，五種境令意識生起的感受可能不同，意識會否在同一時間生起苦受、樂受和不苦不樂受呢？另一方面，如果「和合轉」不單表示五識在同一時間轉生，更表示自體和功能都是同一，這即表示生起的感識實際上只有一個，而這識體能同時攝取不同的境，而且把不同的境統一成為一個印象。如果是這樣，上面提到的意識上的問題就不會出現。然而，卻產生另一個問題：這樣的一種識體是什麼呢？

關於五識身「和合轉」的問題，在本論的較後部分可找到一些端倪。論說：

> 若於爾時，一眼識轉，即於此時，唯有一分別意識與眼識同所行轉。若於爾時，二、三、四、五諸識身轉，即於此時，唯有一分別意識與五識身同所行轉。廣慧，譬如大暴水流，若有一浪生緣現前，唯一浪轉；若二若多浪生緣現前，有多浪轉。然此暴水自類恆流，無斷無盡。又如善淨鏡面，若有一影生緣現前，唯一影起，若二若多影生緣現前，有多影起。非此鏡面轉變為影，亦無受用滅盡可得。如是廣慧，由似暴流，阿陀那識為依止、為建立故。若於爾時，有一眼識生緣現前，即於此時，一眼識轉。若於爾時，乃至有五識身生緣現前，即於此時五識身轉。（大 30.718b）

這裏說明，就算五識身同時轉生，仍然是唯有一個分別意識與五識身同所行轉。文中又用比喻說明這種情況：一個暴流能現起一浪，亦能同時現起多個浪，但暴流本身仍然為一。一面鏡子，可映現一

影，亦能映現多影，但鏡子本身仍然是一面鏡子，並不是自身轉變為影像。這段文字是論主引述《解深密經》（*Saṃdhinirmocana-sūtra*）中，世尊對廣慧菩薩的解說。在暴流喻中的多浪和在鏡子喻中的多影，都是比喻五識身，這表示論主認為，五識身是各自獨立、由各自的緣引生的。所以，筆者在前段提出關於和合轉的意義的第二種說法，即指和合轉不單表示五識在同一時間轉生，更表示自體和功能都是同一，這應不是論主的意思。但如果採取第一種說法，即指和合轉只表示五識在同一時間轉生，而自體和功能都各別，這就要面對以下的問題：首先，意識能否同時處理五種性質不同的境呢？關於這個問題，論中另一地方提到：

> 云何依緣差別？謂由所依、所緣差別，建立眼等六識差別。
> 眼識了別諸色境界，餘識各各了自境界，意識了別一切眼色，
> 乃至意法，以為境界。（大 30.683c）

這裏指出，六識的差別是基於它們的所依和所緣的不同而建立的。某一識體，依眼根、緣色境而轉生，就稱為眼識；依意根、緣一切色、聲、香、味、觸、法境而轉生，就稱為意識。所以，六識的差別並不在於六識之間，自體性質的不同，正如色、聲、香、味、觸、法的不同，而是基於各識不同的所依和所緣而建立的。六識的差別就正如紅色、黃色、綠色之間的差別。作為一種顏色，紅、黃、綠有著同一的性質，但內容方面就不同。另一方面，意識所了別的境，除法境外，是否就是前五識了別的境，即是物質性的境呢？引文提到，分別意識與五識身「同所行轉」，這「同所行」是什麼意思呢？既然六識差別是基於所依、所緣而建立，而不在乎識的性質，如果

意識跟眼識同行一境，為什麼不也稱為眼識呢？在第 10 節，我們討論過本論一段引文，其中部分是這樣的：

> 五識無間所生意識，或尋求、或決定，唯應說緣現在境，若此即緣彼境生。（大 30.291b）

我們的理解是這樣的：意識所緣的境，跟前五識所取的境是完全一樣的，好像是意識直接緣取外境一般。按照這樣的理解，意識並非如五識一般，直接攝取外界的物質性的事物的形像，而是由五識攝取了某些影像，再把影像原原本本地作為意識的境。所以，意識的境是一種影像，而不是外界事物。再者，前五識須依靠五根才能攝取外境的形像，而意識根本沒有途徑去直接攝取外境。所以，意識與五識身「同所行」應表示意識的所緣境與前五識所取得的影像是相同的。

綜合以上所述，意識所緣的並不是如五識般，是五種不同的物質性的事物，而是五識所取得的影像。而五識的差異並非在它們的性質上。所以，我們可以得出結論：就算五識同時轉生，意識在同一時間所要處理的仍然不是五種不同性質的境，而是性質相同，只是內容不同的影像。所謂性質相同，但內容不同，就好像眼識同時攝取不同顏色外境一般。就眼識來說，紅色和黃色都是自己所緣的對境，只是內容有別。眼識能同時攝取兩種顏色，產生一個具有兩種顏色的影像。當然，所謂「兩種顏色的影像」是經過了意識的分別後才知道的，並非在眼識階段便知道這是「兩種顏色」。論主認為，同樣道理，意識亦應能同時處理幾個影像。論說：

> 諸心所雖心所性無有差別，然相異故，於一身中，一時俱轉，
> 互不相違。如是阿賴耶識與諸轉識，於一身中，一時俱轉，
> 當知更互亦不相違。又如於一瀑流，有多波浪，一時而轉，
> 互不相違。又如於一清淨鏡面，有多影像，一時而轉，互不
> 相違。如是於一阿賴耶識，有多轉識，一時俱轉，當知更互
> 亦不相違。又如一眼識，於一時間、於一事境，唯取一類無
> 異色相，或於一時頓取非一種種色相。如眼識於眾色，如是
> 耳識於眾聲，鼻識於眾香，舌識於眾味，亦爾。又如身識，
> 或於一時、於一事境，唯取一類無異觸相，或於一時頓取非
> 一種種觸相。如是，分別意識於一時間，或取一境相，或取
> 非一種種境相，當知道理亦不相違。（大 30.581a）

論主舉出阿賴耶識與多識俱轉、互不相違，以及眼、耳等識同時攝
取多種顏色、多種聲音等為例，去證明意識能夠同時了別多個境相。
然而，筆者認為，眼識同時取多種顏色、耳識同時取多種聲音，跟
意識同時了別多個境相終究不同。因為同一個境相之中，雖然可包
含多種顏色，但始終是一個境相，只是內容較為複雜。而這內容的
複雜性，對眼識來說，根本毫無意義，因為眼識只攝取影像，在這
階段，影像無所謂簡單或複雜，要到意識的分別作用處理之後，才
產生顏色上的區別，那時才可說影像是簡單或複雜。所以，無論有
多少顏色混雜起來，眼識在同一時間，只攝取一個影像。同樣道理，
耳、鼻、舌、身識亦是這樣。故此，這些例子實不足以證明意識能
於一時了別多個境相。關於這個問題，論中又說：

> 有心位中，心、意、意識於一切時，俱有而轉。若眼識等轉

識不起，彼若起時，應知彼增俱有而轉。如是或時四識俱轉，
乃至或時八識俱轉。又一意識，於一時間，分別一境，或二
或多自境、他境，故說意識不可思議。（大 30.651b）

這裏提出，意識不單可同時了別前五識的多個境相，即是多個「他
境」，更能同時了別「自境」。「自境」即是意識本身獨有的對象，
即法境（包括過去的、現前的和未來的事物）或概念。然而，論主
卻未有提出理據去解釋意識如何能夠同時了別多個境相，只簡單地
說「意識不可思議」。佛教在指涉到超越世間的事情時，往往就用
「不可思議」來交代，這是可以理解的。因為超越世間的事情，是
越出了相對性的思考範圍，以致我們不可能運用作為思考材料的概
念去直接指出來。然而，意識所處理的並非全都是超越世間的事情。
雖然它的對象亦包括無為法，但現時討論的五識境相、概念等，都
是世間的事情，亦都是意識的對象，這顯然是可思議範圍內的事情。
在哲學探求上，這樣地說「不可思議」，顯然沒有解決問題，亦不
是一個適當的交代。

　　另外一個問題是：意識會否同時產生苦受、樂受和不苦不樂受
呢？論說：

阿賴耶識或於一時與苦受、樂受、不苦不樂受俱時而轉。此
受與轉識相應，依彼而起。（大 30.580c）

這裏指出，阿賴耶識可能於同一時間，與苦受、樂受和不苦不樂受
「俱時而轉」，而這些受與轉識「相應」。「俱時」和「相應」是
兩種不同的關係，論說：

> 阿賴耶識雖與轉識俱時而轉，亦與容受客善、不善、無記心
> 所俱時而轉，然不應說與彼相應，何以故？由不與彼同緣轉
> 故。（大 30.580c）

阿賴耶識與各種轉識和各種善、不善、無記心所俱時而轉，但不是
相應。原因是阿賴耶識與該等識和心所並非「同緣轉」。可見俱時
而轉只表示轉生的時間相同，不必有其他關係，而相應則至少要「同
緣轉」。阿賴耶識與苦受、樂受和不苦不樂受只是俱時而轉，這跟
阿賴耶識本身相應的受沒有關係，所以應沒有問題。按照唯識所說，
阿賴耶識只與捨受，即不苦不樂受相應。然而，引文說「此受與轉
識相應」，即是說，轉識與三種受相應。我們知道，在認識中，產
生苦受、樂受抑是不苦不樂受，是受著所緣境影響的。而意識與前
五識同緣一境，如果在同一時間，眼識緣某色境而起樂受，耳識緣
某聲境而起苦受，那麼，意識同時緣此兩種境，會生起樂受抑是苦
受呢？苦、樂兩種受能否同時在意識生起呢？

　　對於五識和合轉所產生的問題，在本論中沒有提供令人滿意的
解說。然而，這種八識俱轉的說法，不單是本論獨有的，在瑜伽行
派其他典籍，例如世親（Vasubandhu）的《唯識三十頌》
（*Triṃśikāvijñaptimātratāsiddhi*）、護法的《成唯識論》
（*Vijñaptimātratāsiddhi-śāstra*）都持這種說法，而漢傳唯識，如窺
基的《成唯識論述記》，亦一直承認這種說法，可見這種說法由來
已久，而且相當普遍，不容忽視。但另一方面，其他系統的典籍，
如《成實論》（*Satyasiddhi-śāstra*）認為在同一時間，只能有一識或

一心生起[19]。此論未有特別討論阿賴耶識和末那識，所以只就著意識和前五識來說。按照這種說法，前五識固然不能同時作用，就算意識，也不能與任何一種感識一同作用。這即表示，一種感識，例如眼識生起時只是獨自生起，到下一剎那才生起意識，由意識去了別眼識所取的影像，接著再生起等流眼識。此外，護法本人雖然持俱轉的說法，但在《成唯識論》中，他為著這個問題進行了一段辯解。《成唯識論》是就十大論師對世親的《唯識三十頌》的注釋而編撰的，如果十大論師對於俱轉的說法沒有分歧，護法應無須這樣著力地進行辯解，由此可見十大論師之中，應有人持不俱轉的說法。關於這點，我們在處理《成唯識論》時會再行討論。

總　結

　　《瑜伽師地論》對於眼、耳、鼻、舌、身識和意識都有很詳細的分析。由前五識和意識的功能而構成的認識過程，本論在稍前部分已有很明確的說法。根據這種說法，認識過程由感識的產生開始，至知識的形成，共可分為三個步驟，即論中所說的「三心」，分別為：率爾心、尋求心和決定心。率爾心是感識的一種狀態，而尋求心和決定心則是意識的狀態。在根與境接觸的初剎那，感識生起，此為率爾心。接著生起意識，去了別感識取得的印象。經過尋求心和決定心的階段，原先的印象成為被思考的材料，而構成知識。此意識又會帶引下一剎那的感識生起，接著又生起意識。這樣地，感識和意識相續地生起，對於某對境進行認識，直至意識轉向其他對境為止。另外，筆者在第 3 節中，對論主所述的意識的功能跟前五

---

[19]　見《成實論・無相應品第六十五》。（大 32.276b）

識作出了對比。其中指出，意識能夠剎那了別，亦能相續了別，而前五識只能剎那了別。若以眼識為例，這即表示眼識的第一剎那與第二剎那必定不是連續的。按照「三心」的說法，意識會緊隨每一剎那的眼識生起，這樣，前後生起的眼識必定被意識所分隔，所以眼識只能剎那了別，不能相續了別。

　　在心識生起的次第上，以上這種說法跟《成實論》是一致的。《成實論》認為，在同一時間，只能生起一種心識，所以意識跟五種感識只能逐一地生起。這即表示，對於色、聲、香、味、觸、法六種境的認識不可能在同一時間生起。然而，本論在較後部分卻提出了八識俱轉的說法（大 30.580b-c）。依照這種說法，意識與前五感識能夠在同一時間生起。我們知道，每種感識都有各自不同的對境，而感識從對境而來的印象，需經過意識的分別作用，才可被思考，而成知識。如果五種感識都同時作用，那麼，意識在同一時間，能否處理各種不同的對象呢？此外，五識可能有著不同性質的感受，例如眼識有著苦受，而鼻識有著樂受，這兩種相違的感受會否同時生起呢？關於這些問題，筆者在前文已經詳細討論過。然而，單就本論來看，實未能找到令人滿意的解釋。而同樣的問題，在《唯識三十頌》、《成唯識論》以及《成唯識論述記》等典籍中亦再出現，在處理該等典籍時，我們會再行討論。但無論如何，本論在前、後部分，對於諸識能否同時生起的說法顯然有矛盾，這顯示出，本論的作者可能多於一位。實際上，在歐美及日本的佛學研究界，認為《瑜伽師地論》為由多人合作而成的說法，相當流行。[20]

20　實際上，漢語佛學界以《瑜伽師地論》的作者為彌勒（Maitreya），
　　藏語佛學界則歸之於無著（Asaṅga）。到底有無彌勒其人，還是未知

本論對於事物的存在問題提出了一種非實在的見解。一般小乘部派，例如說一切有部，均以極微為具有實在性的東西，而由極微聚成的各種東西，因此亦具有某種程度的實在性。本論卻認為，我們對於物質性的東西進行思考，在概念上，把物質最基本的組成單位假立名為「極微」。所以極微與可接觸的事物，在概念上都同樣具有「方分」，亦同樣是假立的東西，並非實在的存在。

文中又特別強調「作意」在認識中的重要性。在《阿含經》（*Āgama*）、《成實論》等典籍中，描述認識生起的條件時，大致是說根不壞、境界現前，就能生起認識。這是一種較為機械式的描述，純粹是就客觀條件來說明認識的生起。而本論則強調，若無作意生起，則即使根、境結合，亦不能生起認識。而「作意」是主體向對境進行認識活動的動機，可見認識並非單由客觀條件機械地形成，而必須由主體發動。

論主在文中對於時間的觀念有著一種較獨特的看法。論主首先強調，討論時間的存在只是世俗的言說，藉此表明時間的非實在性。「剎那」是最基本的時間單位，論主否定「生起剎那」，而提出「一心剎那」，說明了時間所依附的不是客觀事物的變遷，而是主體的

之數。德語系學者法勞凡爾納（E. Frauwallner）以此書的成立橫跨幾個世代。（E. Frauwaller, *Die Philosophie des Buddhismus*, Berlin: Akademie-Verlag, 1958, s.265.）其弟子舒密特侯遜（L. Schmithausen）以此書的內容缺乏一貫性，不可能是一個人的作品。（L. Schmithausen, "Zur Literaturgeschichte der älteren Yogācāra-Schule," Orientalistentag, 1968, Würzburg, Vorträge. *ZDMG*-Supplementband.）日本學者長尾雅人則明確強調此書的編集，有很多人參加，前後經一個世紀左右才完成。（長尾雅人：《攝大乘論：和譯と注解》上〔東京：講談社，1997〕，頁7。）

意識活動。論主對於剎那的觀念可以跟他對極微的觀念作出比較。論主認為，極微是我們透過思考分析，對於物質最微小、最基本的組成單位所假立的名稱。所以，在概念上，極微是不能再細分的。而剎那則是時間的最基本的單位，是短得不能再短的。極微在概念上雖是物質單位，但縱使是千億個極微，也不能組成一件具體的、可接觸到的東西。同樣，千億個剎那，也不能組成具有持久性的時間。因為極微和剎那都同樣只是假立的概念，是沒有實質性的存在。從世俗的角度來說，論主仍然承認時間的存在。而剎那作為時間的最基本單位，它的存在就必須依附於一心。我們在持續的認識活動中，假立時間來辨別認識的序列，所以時間是依附著我們的認識活動的。而最短促的認識的基本條件就是一心的生起，因為認識的本質就是心的生起。如果心不生起，時間就沒有存在的所依。所以，剎那的存在必須依附於一心。就康德的知識論來說，時空性是認識的先驗條件。這顯示，相對於知識，時間有著邏輯上的先在性。而本論則以認識作為時間的所依，相對來說，認識是有著先在性。

　　文中把知識分為現量、比量和聖喻量三種，其中的現量跟知識論有著較密切的關係。論主把現量定義為非不現見、非已思應思，以及非錯亂境界。這樣的界定，跟中、後期唯識學者陳那（Dignāga）和法稱（Dharmakīrti）的很相似。陳那界定現量為離分別，法稱則界定現量為離分別及非錯亂。在現量的分類方面，論主實際上只劃分了三類，即：色根現量、意受現量和不共世間清淨現量。而法稱則分四類，即：五根現量、意識現量、自證現量和瑜伽現量。相比之下，本論只欠缺了與自證分有密切關連的自證現量一類，這可能由於當時還未發展出自證分的說法之故。從以上可見，中、後期唯識的現量觀念很可能是承襲本論而發展出來的。

參考用書

1. 宇井伯壽著《瑜伽論研究》，東京：岩波書店，1979。

2. 長尾雅人著《攝大乘論：和譯と注解》上，東京：講談社，1997。

3. 梶山雄一譯：《唯識二十論》，載長尾雅人、梶山雄一監修《大乘佛典 15：世親論集》，東京：中央公論社，1976。

4. 胡塞爾著《純粹現象學通論》（ *Ideen zu einer reinen Phänomenologie und phänomenologischen Philosophie* ），李幼蒸譯，臺北：桂冠圖書公司，1994。

5. Dignāga, *Pramāṇavārttikavṛtti of Manorathanandin*, R. Sāṃkṛtyāyana ed., The Journal of the Bihar and Orissa Research Society, vols. xxiv(3)-xxvi(3), Patna, 1938-1940.

6. E. Frauwallner, *Die Philosophie des Buddhismus*, Berlin: Akademie-Verlag, 1958.

7. I. Kant, *Critique of Pure Reason*. Tr. Norman Kemp Smith, London: Macmillan Co. Ltd., 1964.

8. L. Schmithausen, *Ālayavijñāna: On the Origin and Early Development of a Concept of Yogācāra Philosophy*. I and II, Tokyo: The International Institute for Buddhist Studies, 1987.

9. S. Lévi, *Vijñaptimātratāsiddhi, Viṃśatikā*, Paris, 1925.

10. Th. Stcherbatsky, *Buddhist Logic* Vol.II, New York: Dover Publication Inc., 1962.

第九章　《辯中邊論》

簡介：《辯中邊論》（*Madhyāntavibhāga*）是世親（Vasubandhu）
的重要作品，內容闡釋彌勒（Maitreya）所造的《辯中邊論頌》。
此書為玄奘所譯。另外有真諦（Paramārtha）譯本，題為《中邊分
別論》。此處所用的，是玄奘譯本。全書共分七品，除第一〈辯相
品〉外，其餘六品的主旨皆為修行和證果，所以在知識論的角度來
說，只有第一品有所涉及。然而，即使是第一品，其主旨亦在於指
出世俗認識的虛妄性格，從而否定對認識的執著，以達到修行的目
的。故此，這一品亦只是從一個根本的立場去指述認識的本質，而
未有特別提到認識的過程、結構等知識論所關注的問題。因此，以
下只引述論中對認識的基本看法，作出簡要的介紹。

1. 虛妄分別有，於此二都無，
   此中唯有空，於彼亦有此。
   論曰：虛妄分別有者，謂有所取、能取分別。於此二都無
   者，謂即於此虛妄分別，永無所取、能取二性。此中唯有
   空者，謂虛妄分別中，但有離所取及能取空性。於彼亦有
   此者，謂即於彼二空性中，亦但有此虛妄分別。若於此非
   有，由彼觀為空，所餘非無故，如實知為有。（大 31.464b）

　　這首偈頌總說了第一品的內容。「虛妄分別有」指有所取和能取的分別。但有的只是「分別」，當中的所取和能取，即「二取」則是「無」。「無」表示沒有所取性和能取性。這「性」可以從存在的意義來理解，文意是從虛妄分別而起的所取和能取都沒有真實的存在性。「此」表示虛妄分別，在虛妄分別中，只有離所取和能取的空性。「彼」表示空性，這包括離所取空和離能取空，即是長行中所說的「二空」，在彼二空性中亦有虛妄分別。

　　這裏概述了現象的來源和本質。現象即是二取：能取的主體和所取的客體。此二取是在分別中生起。論主認為這種分別是有的。這「有」可以從存在上來理解，但不是指一種實體性的有，它可以是一種活動或一種能力，但不應理解為實體。這分別中的二取皆是無性，故此這分別是虛妄的，這即是否定了現象的實在性。這分別中唯有空性，空性中亦有此分別，虛妄分別和空性互相含攝，這即是把本體界和現象界統一起來。概括地說，論主指出，二取只是虛妄分別當中的虛假內容，虛妄分別中真正有的只是空性，而虛妄分別與空性是不相離的。

　　在以上的架構中，認識只屬於二取的範圍。以上既然否定了二取的真實性，亦就是否定了認識中的能知主體和所知對象的真實性。

2.　識生變似義，有情我及了，
　　此境實非有，境無故識無。
　　論曰：變似義者，謂似色等諸境性現。變似有情者，謂似自他身五根性現。變似我者，謂染末那與我癡等恆相應故。變似了者，謂餘六識了相麤故。此境實非有者，謂似義，

似根無行相故。似我、似了，非真現故，皆非實有。境無
故識無者，謂所取義等四境無故，能取諸識亦非實有。（大
31.464c）

「識」是總述八識。「識生」指八識的現行。八識的現行有四
方面的作用：變似義、變似有情、變似我及變似了。變似義指似有
一個物質的世界出現，唯識學派稱之為器世間。「似」表示這個世
間為非真實，只是看上去好象有種種東西存在，但不能作實體看。
這在唯識文獻來說，是所謂「詐現」（pratibhāsa）。變似有情表示
似有自、他有情的五根軀體出現，這些軀體一般稱為根身。器世間
和根身都是阿賴耶識直接變現的，亦就是此識的境。變似我指似有
一個內自我出現。根身是各各有情的物質軀體，而這個內自我是一
個抽象的觀念，是末那識所執持的一種自我意識[1]，亦即是末那識的
境。由於末那識恆時與我癡、我見、我慢、我愛四種煩惱心所相應，
所以它恆時執持這個內自我。變似了指似有前六識所認識的境相出
現。在這些識轉變當中，識為能取，而以上四種境皆為所取。論主
指出，由於四種境都非實有，所以諸識亦非實有。一般知識論所討
論的主體和對象，主要是指這裏的前六識和它們的境，這些東西都
被論主指為非實有。

---

[1] 唯識學派認為，這個被末那識執持為內自我的東西，是阿賴耶識的見
　　分。關於見分，牽涉到唯識對心、心所結構的理論，這在《成唯識論》
　　中將有較詳細的介紹。

參考用書

1. 山口益譯註《中邊分別論釋疏》，東京：鈴木學術財團，1966。

2. Th. Stcherbatsky, tr., *Madhyāntavibhāga. Bibliotheca Buddhica*, No. 30, Leningrad, 1938.

第十章 《觀所緣緣論》

簡介：《觀所緣緣論》（*Ālambanaparīkṣā-vṛtti*）為陳那（Dignāga）所撰，玄奘翻譯。另外有真諦（Paramārtha）譯本，名為《無相思塵論》。此處所用，為玄奘譯本。

1. 諸有欲令眼等五識以外色作所緣緣者，或執極微許有實體，能生識故，或執和合，以識生時帶彼相故，二俱非理，所以者何？

   極微於五識，設緣非所緣，

   彼相識無故，猶如眼根等。

   所緣緣者，謂能緣識帶彼相起及有實體。令能緣識託彼而生色等極微，設有實體，能生五識，容有緣義。然非所緣，如眼根等於眼等識，無彼相故。如是極微於眼等識，無所緣義。

   和合於五識，設所緣非緣，

   彼體實無故，猶如第二月。

   色等和合於眼識等，有彼相故，設作所緣，然無緣義，如眼錯亂見第二月，彼無實體，不能生故。如是和合於眼等識，無有緣義故。外二事於所緣緣互闕一支，俱不應理。

   （大 31.888b）

　　「所緣緣」（ālambana-pratyaya）是四緣之一。四緣是事物生起的四種因素。若從認識論的角度說，所謂事物生起就是指事物被認識。所以「所緣緣」是構成認識的一種因素。「所緣」指認識的對象。認識的對象作為構成認識的一種因素——緣，稱為所緣緣。論主陳那在這裏先指出兩種對所緣緣的解釋，然後對這兩種說法進行批判。這兩種說法都是以外在的物質作為五識的所緣緣。第一種說法指極微就是五識的所緣緣，當中認為極微具有實體，能令識生起。第二種說法認為和合就是所緣緣，因為識生起時帶著和合之相。陳那認為這兩種說法都不合理。對於以極微為所緣緣的說法，陳那指出極微對於五識，雖然可能為緣，但不是所緣，原因是在生起的識之中沒有極微（aṇu）的相狀。引文中說「設緣非所緣」，當中用「設」字，表示陳那並不是同意極微真的能夠成為五識的緣。他的意思是，按照執這種說法的人所言，極微有實體[1]，可以讓識依託而生起。但他認為，即使極微有實體，能令五識生起，可以作為五識的緣，但亦不是五識的所緣，因為五識之中沒有極微的相，猶如眼根，雖然能令眼識生起，但眼識中沒有眼根的相，所以眼根不是眼識的所緣。

　　第二種說法指「和合」是五識的所緣緣，但陳那認為即使和合是所緣，但它卻不是緣，因為和合本身不是實體，猶如眼所見的第二月。「和合」指眾多極微的結合，這樣的結合形構成某種相狀。執和合為所緣緣的人以為，由於和合而成的相狀出現在五識之中，所以和合就是五識的所緣緣。但陳那反駁說，即使和合具有所緣的

---

[1]　陳那在接著的一段說「設有實體，能生五識」，他用「設」字，可見他並不同意極微有實體，他只是引述執極微為所緣緣的人的意思。

意義，但由於和合無實體，不能令識生起，所以沒有作為緣的條件，猶如眼錯亂時所見的第二月。這第二月的相狀雖然出現在眼識之中，但它根本是不存在的，所以不能成為眼識的緣。

　　對於以上兩種說法，陳那指出兩者各欠缺一種條件，極微欠缺所緣的意義，而和合則沒有緣的意義，所以兩者都不能成立。

2.　有執色等各有多相，於中一分是現量境故，諸極微相資各有一和集相，此相實有，各能發生似己相識，故與五識作所緣緣。此亦非理，所以者何？

　　和集如堅等，設於眼等識，
　　是緣非所緣，許極微相故。

　　如堅等相雖是實有，於眼等識容有緣義，而非所緣，眼等識上無彼相故。色等極微諸和集相，理亦應爾，彼俱執為極微相故。執眼等識能緣極微諸和集相復有別失。

　　瓶甌等覺相，彼執應無別，
　　非形別故別，形別非實故。

　　瓶甌等物大小等者，能成極微多少同故，緣彼覺相應無差別，若謂彼物形相別故覺相別者，理亦不然，頂等別形唯在瓶等假法上有，非極微故，彼不應執極微亦有差別形相，所以者何？

　　極微量等故，形別惟在假，
　　析彼至極微，彼覺定捨故。

　　非瓶甌等能成極微有形量別，捨微圓相故，知別形在假非實。又形別物析至極微，彼覺定捨，非青等物，析至極微，彼覺可捨，由此形別唯世俗有，非如青等亦在實物。是故

　　五識所緣緣體非外色等，其理極成。（大 31.888b-c）

　　陳那在這裏提出第三種以外在物質為所緣緣的說法，並再進行批判。這第三種說法稱為和集說，它認為物質的基本單位，即極微，各自有多種相狀，其中一種相狀就是現量境。現量境即是五識的所緣境。各各極微當集合起來，各自微細的相就會合併成一個較大的相，這種相就是和集相。和集相是由眾多極微的相結合成的，由於認為極微是實有的，所以和集相也是實有的；而當中的各各極微的相又能顯現在識之中。故此，執和集說者認為這和集相就是五識的所緣緣。

　　對於這種說法，陳那提出了兩點批評。首先，和集說認為各各極微都有本身的相作為五識的現量境，然而，在識之中，並沒有各各極微的相。陳那的意思是，如果每一極微都有作為五識的所緣境的相，則五識中應有各各極微的相顯現，但事實上並沒有。又如果說個別極微的相不為五識所見，只有集合起來才能見到，這也是不合理的，因為如果一個極微不能成為所緣境，則多個極微也應不能，因它們的性質沒有分別。

　　陳那的第二點批評是，假使五識所見的相是一一極微的相的集合，則在五識中顯現的相狀應只受兩種因素影響，第一是極微本身的相狀，第二是極微的數目。瓶和甌同樣是由地大構成的，即構成兩者的極微的相狀是相同的，假使兩者的大小也是相等，即極微的數目相等，按照和集說所言，兩者在識中顯現的相狀應是相同的。但事實不是這樣。如果說瓶和甌由於形狀不同，以致在識中顯現的相狀也不同，這也不合理，因為形狀只是假法，並不屬於極微。陳那的意思是，所謂「形」，並不是極微本身就具有的，他進一步說，

倘若將事物分析至一一極微，我們原來所見的事物的形狀就必定消失。按照和集論者所說，極微有實體，而且能在五識中顯現它們的相狀，所以能作為五識的所緣緣。但陳那在這裏指出，在五識中顯現的形相並不屬於極微。所以，即使說極微有實體，但也不能作為五識的所緣緣。

以上，陳那先後破斥了三種實在論的說法。實在論者的一個基本立場是認為，我們所接觸到的事物，是客觀地具有實體的。所以，事物必須具有兩種特性：第一是有實體的；第二是能夠被認識，這即是能夠在五識中顯現它們的相狀。這些事物既然是我們認識的對象，就是五識的所緣緣。所以實在論者必須證明所緣緣具有實體，而且能在五識中顯現它們的相狀。陳那以這兩項條件來檢驗實在論者的三種說法，是就著實在論者本身的立場來指出他們的理論的內部矛盾，我們不能就此說陳那認同這兩項條件是所緣緣的必需條件（necessary condition）或充足條件（sufficient condition）。

在批判和集說的最後部分，陳那指出五識中顯現的形相只是假有，不是真實，因為在實在論者認為是真實的極微中，找不到這些形相。由此，陳那推論出，顯現在我們的五識中的形相，其根源並非在主體以外的東西。

3. 彼所緣緣豈全不有？非全不有，若爾云何？
　　內色如外現，為識所緣緣，
　　許彼相在識，及能生識故。
　　外境雖無，而有內色似外境現為所緣緣，許眼等識帶彼相起及從彼生，具二義故。此內境相既不離識，如何俱起，能作識緣？

決定相隨故，俱時亦作緣，

或前為後緣，引彼功能故。

境相與識定相隨故，雖俱時起，亦作識緣。因明者說：若此與彼，有無相隨，雖俱時生，而亦得有因果相故，或前識相為後識緣，引本識中生似自果功能令起，不違理故。

若五識生唯緣內色，如何亦說眼等為緣？

識上色功能，名五根應理，

功能與境色，無始互為因。

以能發識，比知有根，此但功能，非外所造故。本識上，五色功能名眼等根，亦不違理，功能發識，理無別故。在識在餘雖不可說，而外諸法，理非有故，定應許此在識非餘。此根功能與前境色，從無始際，展轉為因，謂此功能至成熟位，生現識上五內境色，此內境色復能引起異熟識上五根功能，根境二色，與識一異，或非一異，隨樂應說。如是諸識，惟內境相為所緣緣，理善成立。（大 31.888c-889a）

　　以上提到，陳那推論出五識所見的形相的根源並不在主體以外的東西，這即是說，那根源是在主體之中。那形相的根源，就是陳那所指的所緣緣。陳那在這裏正面地建立所緣緣的意義。他首先要處理一個問題，若說所緣緣不是外在的事物，則它們豈不是全無存在性的？對於這個問題，陳那的說法是「非全不有」。他的意思是，所緣緣不是如實在論者所說的是一種真實的有，但也不是完全不存在。按照他的意思，「有」可區分為兩種，一種是真實的有，例如在實在論者的說法中的極微。這真實有具有終極存在的意義，即是在勝義諦來說亦是有。另一種有是「世俗有」，這是一種施設的有，

即是以所見的現象為基礎而假設那現象為存在物，但這只是緣起的現象，不是真實的存在。陳那指所緣緣不是真實的有，但為世俗有，所以說「非全不有」。

「內色如外現」的「色」是對應於眼識來說。當然，除色以外，還有聲、香、味、觸。「內色」指內在於主體的色。「如外現」指內色顯現時的情況。所謂顯現，就是被認識，即是為五識所接觸。「如外現」表示這些內色顯現時，被認識為似是外在於主體的東西。陳那說，這種「內色」就是識的所緣緣。他稱之為所緣緣是基於兩項條件：第一、這內色的相顯於識中；第二、這內色能夠令五識生起。從第一項條件看，這內色的相顯現在識之中，即成為識的對象，這是所緣的意義。第二項條件是這內色能令五識生起，即是成為五識生起的原因，這具有緣的意義。所以這兩項條件是作為所緣緣的必需及充足條件（necessary and sufficient condition）。

陳那再進一步解釋說，雖然沒有真正外在於主體的境，但有內色以似是外境的姿態顯現於識上，這就是所緣緣。這所緣緣具有兩項條件，一項是五識帶著它的相狀生起，另一項是五識以它為緣而生起。前一項條件構成所緣的意義，後一項條件構成緣的意義。

陳那接著提出另一個問題，既然這境是內在的，即是不離於識，那就應與識俱起俱滅，這與識俱起的境，如何能作為識的緣呢？在很多情況下，具有因果關係的兩件事物，都有著先後的次序，因在先而果在後。但陳那指出，只要兩件事物是必然地相隨的，即使是同時發生，亦可說是有著因果關係。他又引因明學者所說：若兩件事物，此有則彼有，此無則彼無，這兩事物雖然是同時發生，亦有因果關係。例如，兩札蘆草束相依，便有因果關係，而且是同時的因果關係。這種因果關係與前識為因，引生後識為果的因果關係沒

有不同。

　　陳那在這裏提出了他對因果關係的看法，他認為檢定兩件事物間是否有因果關係的準則就是兩者是否「決定相隨」。若兩者決定相隨，則不論是同時或異時，兩者都有因果關係。在這裏理應補充一點，就是兩者若為異時，則在先的為因，在後的為果，不能顛倒次序。此外，既然內境與識俱時而生，決定相隨，就可以說內境為識的緣，那麼，是否亦可以說識為內境的緣呢？陳那未有交代這點。

　　陳那再提出另一個問題，若五識生起亦以內境為緣，不牽涉到外在事物，為什麼仍說眼等五根為識之緣呢？陳那在這裏對五根提出一種較為獨等的看法。一般把五根視為物質性的東西，這些東西有認識的能力。陳那亦認同五根是色法，但他認為五根不是從它們作為物質性的存在而確立的，而是從它們作為本識上的功能而確立的。這即是說，五根的概念的建立，並不是基於我們見到五根的存在，而是由於見到從本識上生起五識的現象，而生起這些現象必基於某些功能，我們就把這些屬於本識的功能稱為五根。由此可以說五根為五識之緣。陳那又指出，這五根功能只能由本識生起，不能由其餘的地方生起，因為所謂外界的東西，根本是不存在的，這點在上文已經討論過，所以只有本識能生起這些功能。

　　引文接著交代五根功能與內境的關係。陳那指出，五根功能與內境從無始以來，展轉為因。五根功能成熟時，生起五內境，這時五根功能為因，五內境為果。接著，這五內境反過來引起異熟識（這即是後來發展出來的阿賴耶識，ālaya-vijñāna）上產生五根功能，這時五內境為因，五根功能為果。根、境與識可說是一，亦可說是異。陳那最後總結說，諸識惟以內境為所緣緣。

　　在最末這段文字中，陳那總結了根、境與識的關係。按照他所

說，「五根功能」應等同於唯識學所說的種子（bīja）；而五內境則是現行（parāvṛtti, pariṇāma），因為他說「此功能至成熟位，生現識上五內境色」，這即是種子生起現行。另外，他又說「此內境色復能引起異熟識上五根功能」，這即是現行熏習種子。

綜合來說，陳那認為整個認識過程都是識的內部作用。本識的五根功能成熟時生起五內境，此五內境作緣生起五識，同時，這五內境的相顯現在五識之中，由此構成了認識。在這種關係中，五內境成為了五識的所緣緣。

最後要提一點，上面說形相或形象的根源不在外面，而在主體的心識之中。這點發展到法稱（Dharmakīrti），便成為識的自己認識（svasaṃvedana）的理論。

參考用書

1. 山口益、野澤靜證著《世親唯識の原典解明》，京都：法藏館，2011。
2. 宇井伯壽著《陳那著作の研究》，東京：岩波書店，1979。
3. 吳汝鈞著〈陳那的知識論研究〉，《正觀雜誌》第 49 期，2009，頁 55-135。
4. 服部正明著，吳汝鈞譯〈陳那之認識論〉，吳汝鈞著《佛學研究方法論》下冊，臺北：臺灣學生書局，2006，頁 399-440。
5. E. Frauwallner, "Dignāga's Ālambanaparīkṣā, Text, Übersetzung, und Erläuterung." *Wiener Zeitschrift für die Kunde des Morgenlandes*, XXXVII, Band, 1930.

第十一章　《成唯識論》

簡介：《成唯識論》（*Vijñaptimātratāsiddhi-śāstra*）為護法
（Dharmapāla）所撰，玄奘翻譯，其中也包含一些唯識學論師的說
法，包括安慧（Sthiramati）在內。

1. 達無離識所緣境者，則說相分是所緣，見分名行相，相見
   所依自體名事，即自證分。此若無者，應不自憶心心所法，
   如不曾更境，必不能憶故。心與心所同所依根，所緣相似，
   行相各別，了別領納等作用各異故，事雖數等而相各異，
   識受等體有差別故。然心心所一一生時，以理推徵，各有
   三分，所量、能量、量果別故，相見必有所依體故，如集
   量論伽他中說：
   似境相所量，能取相自證，
   即能量及果，此三體無別。
   又心心所若細分別應有四分，三分如前，復有第四證自證
   分。此若無者，誰證第三？心分既同，應皆證故。又自證
   分應無有果，諸能量者必有果故。不應見分是第三果，見
   分或時非量攝故，由此見分不證第三。證自體者，必現量
   故。此四分中，前二是外，後二是內，初唯所緣，後三通
   二，謂第二分但緣第一，或量、非量，或現、或比。第三

能緣第二、第四，證自證分唯緣第三，非第二者，以無用
故。第三、第四皆現量攝。故心心所四分合成，具所、能
緣，無無窮過，非即非離，唯識理成。（大 31.10b）

論主在這段文字中，很詳細地解釋和論證他所持的四分說。四
分說是認為心和心所是由四分所合成的，這四分包括相分、見分、
自證分和證自證分。就同一個論題，另有所謂一分說、二分說和三
分說。三分說是陳那（Dignāga）的說法，他認為心心所應有相分、
見分和自證分。二分說是難陀（Nanda）的說法，他把心心所區分
為相分和見分。一分說則指安慧（Sthiramati）的所說，他沒有區分
心心所為不同部分。一般所謂「安難陳護，一二三四」，頗助記憶。
護是護法，主四分說。

「無離識所緣境」是唯識學派的立場，這點把唯識學和實在論
明確地區分開來。從唯識學的觀點看，「相分是所緣，見分名行相，
相見所依自體名事，即自證分」。「所緣」是認識活動中的對象
（viṣaya），「行相」是認識主體的作用。這裏指出，認識對象和
作用都依於同一自體，稱為事，即自證分。這表示，即使是認識對
象，也屬於生起認識活動的自體的一部分。所以，整個認識過程[1]完
全是同一自體內部的作用，沒有存在於識以外的認識對象。單就一
次認識的形成來說，由見分（dṛṣṭi）去認識相分（nimitta），已可
構成認識，為什麼還要建立自證分呢？論主提出三點去證明必須有
自證分。首先，假如沒有自證分，我們應不能回憶過去曾進行的認

---

[1] 這裏沒有包括疏所緣緣，但即使包括在內，整個認識過程也沒有離開
同一個有情主體，因為疏所緣緣亦是同一阿賴耶識中其他種子的現行。

識。在認識活動中，見分能夠了知相分，但見分對相分進行認識這個活動本身，卻不是見分可以知道的，因為在這個活動當中，見分和相分都同時成為了對象。所以，必須在相、見二分之外，另建立一種認識能力，我們才能知道自己曾經作出過某種認識活動。這種以見分作用於相分的活動作為對象的認識能力，就是自證分的作用。

第二點，這自證分是相分和見分同所依的自體，各種心和心所間的不同，就是在於心和心所各自的自證分的差異。因為每種心心所都有同一的所依根，即阿賴耶識（ālaya-vijñāna），所緣又相似（這裏所說的應只是前五識），但各種心心所的行相（ākāra）都不同。是什麼因素令到心心所各別的行相不同呢？答案就是心心所在相、見二分之外，另有一體，而這體的差別就令到各各心心所的行相不同。

第三點，從義理上說，心心所生起時，應有所量、能量和量果。這即是在認識活動中應有認識對象、認識主體和認識結果三者。此外，相分和見分亦應有所依的體。所以，心心所必須具有三分。

至目前為止，論主所說的仍然只是陳那的三分說，他自己將會進一步提出四分說。在這裏，論主先對三分說作一總結，他引述《集量論》（*Pramāṇasamuccaya*）中的一首伽他[2]，當中指出，「似境相」為所量，這即是相分。說相分為似境相，原因是相分並不完全等同於外境[3]，由於這外境與相分由不同種子所生起，所以不能完全

---

[2] 伽他是梵文 gāthā 的音譯，意即是偈頌。

[3] 這外境是指疏所緣緣，是從第八識另一些種子生起的，不是指心以外的事物。

相同。但相分是由該外境的種子帶引而起的[4]，所以與該外境有相似性。「能取相」是能量，這即是見分，是能夠認取相分的一種認識能力。「自證」即自證分，是量果（pramāṇa-phala），有這個認識活動的結果，我們才能記憶過去曾進行過的認識活動。偈頌指出，這三者體無別，這即是對應於引文前段所說，「相見所依自體名事，即自證分」，「事」可理解為存在上的事體，但不是實體，這事體同時是相分和見分所依的體，即是說，相分和見分都是這事體上的作用，而這事體本身就是自證分。換句話說，心心所從體上說，就是自證分。所以相分、見分和自證分三者的體無別。

　　接著，論主在三分說的基礎上，進一步發展出四分說。他指出，心心所除以上所說的三分外，還應有第四分，他稱之為證自證分。對此，論主提出了兩點理由。第一，見分了知相分這種認識活動，有自證分去證取，同樣地，自證分證取見分對相分的了知，這本身也是一種認識活動，所以亦應有另一分去證取自證分的這種活動。這時，自證分的活動也成為了認識對象，故應有第四分作為認識主體。第二，若沒有第四分，則自證分的認識活動就沒有量果。在自證分的認識活動中，見分對相分的了知這活動本身成為認識對象，自證分為認識主體，若沒有第四分，則這認識活動就沒有量果，這是不合理的。若說見分就是那量果，這也不能，因為見分有時會是非量，即錯誤的認識，所以不能作為自證分的量果，因為證自體者，必為現量。論主提出這個理由，他的意思應是：證取自證分是對自體的證取，這必定是現量，故此，有時是非量的見分不可能是自證

---

[4]　至於如何帶引？為什麼相分會依照該外境的形相而生起？則未有討論。但可能由於雙方種子是在同一條件下生起的。這仍有待深入研究。

分的量果。這裏有一點是應該交代的,證自體者為什麼必為現量呢?前五識認識對境亦有時成為非量,論主根據什麼說證自體者不會成為非量呢?再者,為什麼必需為現量,才可作為自證的量果呢?但論主未有再深入討論這問題。對於這個問題,窺基的《成唯識論述記》有較詳細的討論,《述記》說:

> 諸體自緣皆證自相,果亦唯現。見緣相分,或量、非量,故不應言見分為果,不可非量法為現量果故。不可見分或緣於相是比、非量,返緣自證復是現量。難曰:見分緣相,或量或非量,一向現量自證分以為果,何妨自證唯現量能量,亦得比量或非以為果?解曰:現量心自體,比、非量果可唯現,比、非二種非證體,何得能為現量果?……夫證自體,必現量攝,故不可說見分緣相,或量、非量,為自證果。不可見分一時之中為量、非量,以相違故。縱許見分或比、非量為第三果,亦不定故。現量為果,義即定故,一心之中相違不可或量、非量,故立第四,義亦如前。(大 43.319b-c)

在這裏,窺基首先肯定《成論》的觀點,即是認為見分不可能是自證分的認識活動結果,因為見分有時會構成非量。接著,窺基擬設一個詰難,就是見分緣相分可以成量(包括比量、現量)或非量,自證分以現量[5]的形式作為能量,為何不能構成比量或非量呢?這正是我們上述所提的問題。倘若自證分也可構成比量或非量,則見分

---

5 文中所述的量或現量,有時解作認識的結果,即量果,有時卻解作認識的形式。「現量能量」在這裏應指一種直接的認識形式。

亦可能作為自證分的認識活動的結果。對於這個問題，窺基的回應是這樣：以現量的方式去認識心的自體，其量果只可能是現量，比量和非量都不是以體作為對象，所以不可能成為自證分現量的量果。他特別指出以體為所緣的認識活動，必定構成現量果，而不會是比量果或非量果。比量以名言概念為對象，而非量則是錯亂所構成，兩者都不是以事物的自體為對象。見分緣相分，若該相分是名言概念，例如意識的相分，則構成比量；若該相分為錯亂，則成為非量；若以事物的自體為對象，則必成為現量。在上述的詰難中，難者以見分緣相分可以構成量或非量作為喻，去論證自證分的認識亦可能構成比量或非量。窺基則以兩者的所緣不同去辯破詰難。見分的所緣不一定是體，但自證分的所緣是體，所以見分的認識活動不能作喻，去推證自證分的量果可以是比量或非量。然而，窺基始終未有解釋為什麼證自體的認識活動必定構成現量果。

窺基再以一心之中不可能同時產生量和非量的相違情況，去證明自證分的量果必為現量。他指出，縱使容許見分或比量、非量作為第三果，即自證分的量果，但由於見分並不定為比量，或定為非量，而第三果必需固定為某一種量，才不會出現相違的情況，所以第三果應固定為現量果，見分亦因此不能成為第三果，所以必須建立第四分，即證自證分來作為自證分的量果。窺基這個解釋仍然是十分牽強，當然，一心之中不應有相違或矛盾的情況，然而前後心卻是可以的，因有時間的因素。例如第一心的第三果是比量，第二心的第三果是非量，這並不構成相違，而不同心的第三果則不必固定為現量。由此可見，《成論》和《述記》都未有提出充分理由去支持必須建立第四分。

現在回到《成論》的引文。最後論主介紹這四分各自的功能。

「前二是外」表示相分和見分以外境作為認識的對象。雖然仔細地
說，見分的作用對象是內在的相分，但整個認識的目的仍是指向疏
所緣緣，所以說是外。「後二是內」指自證分和證自證分以自體為
對象。相分只作為所緣，其餘三分則既是所緣，亦是能緣。見分只
緣相分，可成量或非量，量之中亦有現量和比量。自證分緣見分和
證自證分。證自證分只緣自證分，而不緣見分，因為無此需要。自
證分和證自證分都是現量。對於這點，筆者在上面已提出了疑問。
論主最後總結說，心心所由四分合成；這四分中有所緣和能緣；沒
有無窮過，這是指自證分證取見分，證自證分證取自證分，而反過
來又為自證分所證，即是第三、第四分互相證取，所以不需建立第
五分來證取第四分，以至第六分證取第五分等等，故不會出現無窮
推延之過；這四分的關係非即非離，由此唯識的義理得成。

2.　瑜伽等說藏識一時與轉識相應，三受俱起者，彼依多念，
　　如說一心，非一生滅，無相違過。有義，六識三受容俱，
　　順、違、中境容俱受故，意不定與五受同故，於偏注境起
　　一受故，無偏注者便起捨故。由斯六識三受容俱。（大
　　31.27c）

在討論《瑜伽師地論》（*Yogācārabhūmi*）的一章中，第 16 段
提到多識一時俱起的說法，筆者曾引述一些對這種說法的質疑，其
中一個未能清晰解決的問題，就是如果多識俱起，各識可能帶著不
同的受而起，這樣便可能出現在同一時間，苦受和樂受一同生起的
相違現象，而意識必定伴隨而生起，這時的意識如何可以容納相違
的心所呢？上面這段引文，對於這個問題作了進一步的討論。論主

指出，雖然多識一同生起，但三受不是依於同一念，而是分別依於同時生起的不同的念。「念」指一種識的一剎那生起。在同一剎那中，多識一同生起，故同一時間有多念生起。相違的受，即苦受與樂受不會生於同一念中，所以不應有相違的情況。至於與前五識一同生起的意識，論主提出，意識所起的受，並不一定同時與五識都相同。當前五識生起不同的受時，意識只會偏注其中一種境而生起與緣該境而起的識相應的受，意識若沒有偏注某一境，則只會生起捨受，即無所謂苦、樂的感受。例如眼識和耳識俱起，眼識起樂受，耳識起苦受，這時的意識若偏注聲境，則起苦受；若沒有偏注任何一境，則起捨。意識不會同時間起樂受和苦受，所以沒有相違的現象產生。

　　按照這種說法，六識雖然在同一時間生起，但不會有相違的受在同一念中生起的情況，所以六識俱起同時容納三種受仍是可能的。

> 3.　轉變者，謂諸內識轉似我法外境相現。此能轉變即名分別，虛妄分別為自性故，謂即三界心及心所。此所執境名所分別，即所妄執實我法性。由此分別變似外境，假我法相，彼所分別實我法性決定皆無。（大 31.38c-39a）

　　論主在這裏解釋識轉變（vijñāna-pariṇāma）的觀念。所謂「轉變」（pariṇāma），是指「由識轉似我法外境相現」。「諸內識」指八種識，這八種識中每一識可都進行轉變。「我法外境」是自我（ātman）和相對的對象（viṣaya），這些對象表現為外境。「相」表示我和法都只是現象，而不是實質存在的東西——「性」。「轉似」（parāvṛtti）表示諸內識在這種轉變中，只是在表現上，或現象

上成為我、法的相狀，而不是一種實質的轉變。這即表示諸內識的本質仍沒有變，只是表現出另一種面貌。

「此能轉變」指諸內識，這些內識名為「分別」（vikalpa），原因是它們都以「虛妄分別」為自性。這種轉變的本質就是一種分別，即是表現為一種主、客的相對的現象。「虛妄」即表示這種轉變本身就是帶有執著的。[6]這些「能轉變」，即諸內識，只是指三界中的心和心所。「三界」（tri-dhātu）是世俗層面的境界，可見「轉變」的範圍只規限在現象層面。至於唯識另外提到的四智和無漏種子的活動，則不在這「轉變」的範圍內。另外，能轉變指諸內識，諸內識名為分別，而分別則是種子現行的作用，所以識轉變是指識種子現行、生起我法諸相這個過程而言。這樣的解釋頗具宇宙生成論的意義。佛教一向不大講宇宙論的問題。唯識學由於著重緣起現象，故為例外。緣起的結果，是諸法世界的生成。

「所執境」名為「所分別」，即所妄執的「實我法性」。這「所執境」不單指認識上的對象，還包括認識的主體，若以二分說為例，這所執境就是見分加上相分。能分別指識或心心所，所分別就是識所變現的相分和見分。由這識轉變，開出認識的層面，當中包括了認識的主體——見分，和認識的客體——相分。由於這轉變本身就是有執的，所以開出的見分和相分都成為所執。而所謂「執」，就是自性化，即是把原本為假有、幻有的東西誤認為實在的東西。所

6　識轉變是現象世界生成的根源。這裏認為識轉變本身就是虛妄的，即是有執的，表示現象世界本身就是執的產物。這種說法與天台宗的「留惑潤生」、「不斷煩惱而證菩提」的說法有出入。天台宗的說法較具入世意味。

執的見分就成為了「實我性」[7]，所執的相分就成了「實法性」。這所謂「成為了」並非表示見分和相分真的變成了實我和實法，而是在執的作用下，被誤認為實我和實法。「性」表示具有存在意義，即是真實的東西，但這裏的實我法性只是被誤以為是真實，並非真的真實。在這一執的作用，即虛妄分別的作用下，就開出了包括主體和客體的認識層面，而按照引文的意思，在認識層面上，主體和客體必然地被執為實我和實法。按照這個意思，唯識必不能推導出無執的認識，這即表示，現行的種子只限於有漏種子，無論如何也不能導致無漏種子的現行，即透過轉識成智，使種子活動從有漏轉為無漏，亦即是從識轉變過渡到智轉變[8]而開出無執的認識。這問題牽涉到唯識學的解脫論，還有待解決。

引文最後作出總結，由這種轉變，現起了似外境、假我、假法的相狀。我、法都是假的，只有相，沒有性。而由執的作用而形成的所謂「實我性」和「實法性」，全都不存在。

4.　三所緣緣，謂若有法是帶己相心或相應所慮所託。此體有二，一親二疏。若與能緣體不相離，是見分等內所慮託，應知彼是親所緣緣；若與能緣體雖相離，為質能起內所慮託，應知彼是疏所緣緣。親所緣緣、能緣皆有，離內所慮託必不生故；疏所緣緣、能緣或有，離外所慮託亦得生故。

　　（大 31.40c）

---

[7]　阿賴耶識的見分就被末那識（mano-vijñāna）執為內自我。

[8]　智轉變（jñāna-pariṇāma）不是唯識學派提出的概念，只是筆者從識轉變和轉識成智而推導出應有智轉變的出現。

這段文字解釋四緣中的第三種——所緣緣。所緣緣約相等於認識論中的對象，但《成論》對這種對象有進一步的分析。引文先對所緣緣作出定義，「有法」即某東西是「帶己相心」或「相應所慮所託」，那就是所緣緣。這裏的「心」相等於「識」，「帶己相心」即帶著某種相狀而生起的識，所指的就是相分，因為相分是以一種相的姿態而生起，亦是識的一部分。「相應所慮所託」即與此識相應，而且作為識的所慮所託的東西，這是在此識以外，但不離本識（第八識），從本識中另一些種子生起的東西，而這東西對應於識中的相分。這裏指出了兩種東西都稱為所緣緣，這兩種東西在「體」方面是分開的，意思是它們各自由各別的種子生起。這二者，一種稱為親所緣緣，另一種稱為疏所緣緣。二者當中，與能緣體不相離，即與作為能緣的見分是同屬一體的，是見分的內所慮託，那就是親所緣緣。這親所緣緣就是相分，相分與見分同屬一心，是見分攀緣的對象。與能緣的見分體相離，但能令內所慮託，即相分隨著它的特徵而生起的，就是疏所緣緣。舉例來說，眼識從本識中的種子生起，眼識中包含了相分和見分，見分是能緣，相分是所緣（ālambana），二者屬同一識體。在這眼識以外，本識中別的種子現行成為器世界，這即是第八識的相分。這色彩的器世界成為眼識中相分生起的依託，即是說，眼識相分依這些色彩而生起。眼識見分對相分進行認識，即是間接認識了器世界的色彩。在這認識過程中，器世界的色彩就是眼識的疏所緣緣，而相分就是親所緣緣。

引文最後說，識的生起，即是一種認識活動的形成，必有親所緣緣和能緣。能緣，即見分，是認識的主體，當然必需；親所緣緣是見分攀緣的對象，識之生起，必包括此二分。但疏所緣緣就不一定需要，以上述眼識的例子來說，當然需有疏所緣緣。此外，耳、

鼻、舌、身識的生起亦需有疏所緣緣作為相分的依託。但意識的生起就不一定需要疏所緣緣。因為前五識必以器世界作為認識的對象，但意識可以在沒有外界（意識以外，但不離本識）事物的情況下活動。

參考用書

1. 太田久紀著《成唯識論要講：護法正義を中心として》，四卷，東京：中山書房佛書林，1999-2000。
2. 吳汝鈞著《唯識現象學：一、世親與護法》，臺北：臺灣學生書局，2012。
3. Dan Lusthaus, *Buddhist Phenomenology: A Philosophical Investigation of Yogācāra Buddhism and the Ch'eng Wei-shih Lun.* London: Routledge Curzon, 2002.
4. Louis de la Vallée Poussin, *Vijñaptimātratāsiddhi, La Siddhi de Hiuan Tsang.* Paris, 1928.

索　引

凡　例

一、索引條目包括三大類：哲學名相、人名、書名。其中人名類中
　　也包含宗派、學派名稱；書名類中也包含論文名稱。

二、三大類的條目各自再細分為：

　　1.中／日文

　　2.英文及其他歐洲語文

　　3.梵／藏／巴利文

三、條目選擇的原則方面，較重要的名相在首次出現時均會標示，
　　此後，在文中對該名相有所解釋或運用時，會再次標示。人名
　　和書名方面亦相近，首次出現時均標示，其後再有所介紹或引
　　述時，會再標示。條目在文中如重複出現，但未有再作解釋或
　　引用時，則不再標示。

四、書名及論文名稱標點方面，中、日文書名以《　》標示，論文
　　名稱以〈　〉標示；英、歐、梵、藏、巴利文書名均以斜體標
　　示，論文名稱則以“　”標示。

五、條目排序方面，中、日文條目以漢字筆劃較少的排先，日文假
　　名為首的條目跟在漢字之後，以字母的次序排列；英、歐、梵、

藏、巴利文均以羅馬體字母排序。其中特別要注意人名的排序，人名當以姓氏排序，但西方人的姓氏一般放在最後，故在索引中會將姓氏放在最前，以方便排序，例如 I. Kant，會寫成 Kant, I.。

哲學名相索引

二、英文及其他歐洲語文

三、梵／藏／巴利文

人名索引

二、英文及其他歐洲語文

書名索引

一、中／日文

二、英文及其他歐洲語文

三、梵／藏／巴利文

國家圖書館出版品預行編目資料

早期印度佛教的知識論

吳汝鈞、陳森田著. – 初版. – 臺北市：臺灣學生，2014.04
面；公分

ISBN 978-957-15-1608-0(平裝)

1. 佛教哲學 2. 知識論 3. 印度

220.11   103002220

早期印度佛教的知識論

著　作　者　吳汝鈞、陳森田
出　版　者　臺灣學生書局有限公司
發　行　人　楊雲龍
發　行　所　臺灣學生書局有限公司
地　　　址　臺北市和平東路一段 75 巷 11 號
劃　撥　帳　號　00024668
電　　　話　(02)23928185
傳　　　真　(02)23928105
E - m a i l　student.book@msa.hinet.net
網　　　址　www.studentbook.com.tw
登記證字號　行政院新聞局局版北市業字第玖捌壹號
定　　　價　新臺幣四〇〇元

二〇一四年四月初版
二〇二一年六月初版二刷

22015